AF462963

ŒUVRES

DE

SAINT-SIMON & D'ENFANTIN

PRÉCÉDÉES DE DEUX NOTICES HISTORIQUES

XXIVe VOLUME

ŒUVRES

D'ENFANTIN

PUBLIÉES PAR LES MEMBRES DU CONSEIL

INSTITUÉ PAR ENFANTIN

POUR L'EXÉCUTION DE SES DERNIÈRES VOLONTÉS

QUATRIÈME VOLUME

PARIS

E. DENTU, ÉDITEUR

LIBRAIRE DE LA SOCIÉTÉ DES GENS DE LETTRES

PALAIS-ROYAL, 17 ET 19, GALERIE D'ORLÉANS

1872

CORRESPONDANCE

INÉDITE

D'ENFANTIN

PRÉFACE

La publication des Œuvres de Saint-Simon et d'Enfantin a été interrompue par une des crises les plus terribles et les plus désastreuses que la France ait jamais eues à subir. Quand la barbarie étrangère et le vandalisme indigène semblaient s'être donné le mot pour couvrir tour à tour notre beau pays de sang et de ruines, il n'y avait pas place, évidemment, sous cet horrible règne de la force brutale et au milieu des cris de fureur et de rage de cette sauvagerie à double face, il n'y avait pas place pour l'enseignement philosophique et religieux, pour la propagande pacifique de la grande pensée de l'association universelle des peuples.

Et maintenant que le meurtre, le pillage et l'incendie ont cessé, que fait la masse des gens sensés, des hommes paisibles qui ont tant souffert et tant gémi pendant dix mois des ravages du fer et du feu? Que fait l'immense majorité des modérés de tous les partis? que font les directeurs et les conseillers politiques, officiels ou officieux, de la nation si cruellement flagellée? Songent-ils au moins, non-seulement à cicatriser ses plaies d'hier, mais surtout à la préserver de celles de demain?

Non! leurs soins, leur sollicitude, leur prévoyance ne vont pas jusque-là! Le gémissement universel a fait place à un cri général de récrimination. Tandis que les vainqueurs, dans la guerre civile, multiplient les enquêtes et les tribunaux spéciaux, soit pour découvrir et punir les auteurs de nos désastres militaires, soit pour châtier exemplairement les auteurs principaux des crimes du Comité central et de la Commune, les vaincus s'efforcent de rejeter sur leurs adversaires victorieux la responsabilité de leurs propres excès. L'ochlocratie parisienne allègue l'aveuglement et la fièvre réactionnaire de l'oligarchie comme ayant provoqué son délire et sa férocité révolutionnaires. L'histoire prononcera dans cette affreuse cause; elle fera la part des fautes comme celle des crimes, en réservant toujours ses condamnations les plus rigoureuses et ses flétrissures indélébiles pour les violateurs atroces des saintes lois de l'humanité.

Mais si l'histoire exerce une haute juridiction, si elle accomplit une grande œuvre, en jetant sur le passé une lumière nécessaire à l'avenir pour éclairer l'esprit humain sur les conditions de sa marche ascendante, c'est à la politique, maîtresse du présent, de veiller à ce que rien ne se perde des rayons lumineux de l'expérience et à ce que le grand jour se fasse le plus possible sur les obstacles et les périls qui bordent la route du progrès social.

Ainsi, il ne suffit pas aujourd'hui d'être assuré que l'histoire accomplira dignement sa tâche d'appréciation : ce qui importe par-dessus tout à la nation française et à la société européenne tout entière, c'est que la politique gouvernante remplisse également son rôle d'action avec vigueur, avec perspicacité et surtout avec prévoyance ; c'est qu'au lieu de se borner à constater et à réprimer rigoureusement les excès qui ont épouvanté le monde, elle s'applique davantage à en prévenir le retour, par une étude sérieuse et approfondie de leur caractère fondamental, de leur origine certaine et de leur cause permanente.

I

Combien n'est-il donc pas regrettable que tant de gens s'agitent autour ou dans le sein même des pouvoirs publics pour rejeter la France, tant meurtrie par les derniers orages, dans la voie des bouleversements et des catastrophes, en la réduisant à la dure extrémité de choisir entre deux ou trois révolutions monarchiques !

Oh ! oui, la France a besoin de repos, de stabilité, pour réparer ses immenses désastres et reprendre, avec son ascendant politique en Europe, sa suprématie civilisatrice sur le monde ! Mais pour acquérir cette stabilité régénératrice, il faut se garder de la chercher dans les ruines du passé, où il n'y a plus que des ferments révolutionnaires.

Le mal est grand sans doute. La vieille Europe est plus malade encore qu'au temps où De Maistre disait qu'il s'en allait avec elle. La race latine surtout est en proie aux accès délirants et aux mouvements convulsifs qui signalent une fin prochaine. Deux barbaries, l'une externe, l'autre interne, l'ont assaillie en même temps en France et la menacent encore partout.

Aux derniers jours de la république romaine, quand les dieux d'Homère se retiraient devant les atomes d'Epicure et de Lucrèce, et que les augures ne pouvaient plus se regarder sans rire, l'athéisme, générateur fécond de l'égoïsme, envahissait de plus en plus la cité romaine et démoralisait profondément les maîtres du monde. Le colosse latin se trouva dès lors, comme aujourd'hui, attaqué à la fois par les barbares de la Germanie, Cimbres et Teutons, ancêtres des Prussiens, par les socialistes indigènes, Saturnin et Catilina, héritiers des Gracques, et par l'insurrection des esclaves, aux ordres de Spartacus, lesquels formaient une véritable ligue internationale pour la conquête de la liberté universelle, car ils ne se composaient pas seulement de Romains et de Grecs, mais aussi de Gaulois, de Thraces et de Germains.

Rome, sceptique et dissolue, triompha néanmoins tout d'abord de cette triple et formidable agression. Les armées innombrables des Germains furent partout taillées en pièces; d'un autre côté, l'Agrariat succomba dans une émeute qui provoqua une répression impitoyable, et les abolitionnistes *internationaux* de l'esclavage, après quelques succès éphémères, périrent tous les armes à la main.

Mais, ni la barbarie germanique, ni le socialisme romain, ni le libéralisme international, ne furent définitivement vaincus.

1° Les peuplades qui, au delà du Rhin et du Danube, rêvaient et enviaient la possession de climats plus doux, continuèrent leurs excursions dans les provinces romaines de l'Europe méridionale et finirent par s'y établir en y fondant des royaumes, des empires et même des républiques;

2° D'un autre côté, l'avénement des Césars, sans être le signal de la réalisation formelle du programme des Gracques, coïncida avec l'introduction dans la législation romaine de modifications selon les vues démocratiques de ces illustres socialistes. La supériorité politique, le droit absolu, la verge de fer dont les anciennes lois avaient armé le patricien, le maître, le père, le mari et le créancier, à l'égard du plébéïen, de l'esclave, de l'affranchi, du colon, du débiteur, de la femme et des enfants; le principe du pouvoir absolu, proclamé et pratiqué dans la famille et dans la cité, devint l'objet de libérales et salutaires réformes; et pour couronner toutes ces concessions à l'esprit de progrès et de liberté, arrachées par la force des choses à la tyrannie elle-même, le titre de *citoyen romain*, enfermé pendant tant de siècles dans les murailles de la Ville Éternelle, fut déclaré accessible aux alliés et aux étrangers. La vocation politique des gentils préparait leur vocation religieuse.

Peu de temps après, naissait, en effet, en Judée, Celui dont la parole de paix et d'amour et la doctrine d'égalité et de liberté devaient exercer sur le développement laborieux de la perfectibilité humaine, une influence autrement puissante que celle du socialisme armé de l'insurgé Spartacus, du conspirateur Catilina ou du dictateur César.

Cette parole ne retentit tout d'abord que sur

les rives du Jourdain, mais elle annonçait le règne de Dieu, c'est-à-dire de la justice, de l'égalité, de la liberté et de la fraternité sur la terre comme au ciel. C'était une promesse de rédemption qui ne s'adressait pas seulement aux enfants d'Israël, mais à tous les membres de la famille humaine. Ce caractère d'universalité devait produire nécessairement un apostolat international. Les barrières, qui emprisonnaient les peuples chez eux et perpétuaient les haines et les guerres, s'abaissèrent devant les porteurs héroïques de la bonne nouvelle. Pierre et Paul se chargèrent de remplir cette mission internationale dans Rome même, et quoique communistes dans leurs principes et dans l'organisation et la pratique de leur société particulière, ils se gardèrent de procéder par le pillage, l'incendie et le meurtre pour attirer les nations dans l'église naissante, sous la bannière de leur communauté, et ils donnèrent généreusement leur propre sang en *martyrs*, au lieu de verser celui des autres, en *assassins*, pour le triomphe de la fraternité universelle, comme l'avaient fait fatalement, faute d'intelligence et de foi, les internationaux de l'école de Capoue, ou de celle de Catilina.

Les événements témoignèrent de la fécondité et de la puissance que le martyre des apôtres et les persécutions avaient apportées à la rénovation sociale pacifiquement propagée. Le régime impérial, qui avait cru étouffer le christianisme dans le sang des martyrs, tomba un jour pour ne plus se relever, et sans entraîner Rome dans sa chute, parce que Rome était devenue chrétienne et qu'il lui était réservé de conserver, à ce titre, le gouvernement spirituel de l'Europe du moyen âge, et de transférer la prédominance morale et politique, dans cette Europe féodale et chrétienne, aux nations de race latine et de communion romaine.

II

L'histoire de cette merveilleuse conservation, par la race latine, de la supériorité morale, intellectuelle et politique parmi les peuples européens, après la conquête du vieil empire romain par les barbares de la Germanie, et pendant le long enfantement de la société moderne, cette histoire renferme une haute leçon pour les descendants de ces mêmes barbares qui se flattent, en plein XIXe siècle, de faire *primer* définitivement *la force sur le droit*, parce qu'ils ont triomphé un jour par les armes d'un empire ébranlé à la fois, comme celui de Rome antique, par le flot montant d'un socialisme international et révolutionnaire, et par l'action croissante et dissolvante d'un scepticisme épicurien, inséparable de l'égoïsme.

Il est vrai que le promoteur de la force brutale, dans ses prétentions à la suprématie européenne pour l'Allemagne, n'a pas à craindre, comme il l'aurait eu au moyen âge, la concurrence redoutable de la prééminence religieuse, de la supériorité spirituelle, et, partant, de la prédominance sociale de l'Église romaine. Il est vrai encore que la langue latine, associée à la décadence de la théocratie papale, a cessé d'être la langue internationale et officielle pour les cabinets européens; mais il est vrai aussi que la métropole du monde chrétien, en perdant sa prépotence séculaire sur les rois et leurs sujets dans toute l'étendue de la chrétienté, n'a pas été condamnée néanmoins à voir le gouvernement moral des nations policées, passer des peuples de race latine à ceux de race germanique, et c'est la langue des fils aînés de l'Église défaillante, le français, et non pas l'allemand, qui est devenu l'instrument universel pour les communications internationales et officielles dans la diplomatie européenne.

Et cette préférence, donnée à la langue française comme héritière de la langue latine, dans le monde des chancelleries, n'était pas seule à témoigner que la primauté civilisatrice se trouvait transférée de Rome à Paris. Après plus de trois cents ans depuis la Renaissance; après les conquêtes de l'esprit moderne pendant les XVIIe et XVIIIe siècles, au milieu des calamités de la guerre étrangère et de la guerre civile, aux jours les plus tristes du Directoire, sous la menace des communistes de Babeuf, des chouans de Cadoudal, des émigrés de Condé et des soudards de Suwaroff ou de Brunswick, la France meurtrie, accablée, épuisée, faisait encore dire d'elle par De Maistre :

« Chaque nation, comme chaque individu, a reçu une mission qu'elle doit remplir. La France exerce sur l'Europe une véritable magistrature qu'il serait inutile de contester. . . . . . La Providence, qui proportionne toujours les moyens à la fin, et qui donne aux nations comme aux individus les organes nécessaires à l'accomplissement de leur destination, a précisément donné à la nation française deux instruments, et pour ainsi dire deux *bras,* avec lesquels elle remue le monde : *sa langue* et l'*esprit de prosélytisme* qui forme l'essence de son caractère ; en sorte qu'elle a constamment le besoin et le pouvoir d'influencer les hommes.

« La puissance, j'ai presque dit *la monarchie* de la langue française, est visible ; on peut tout au plus faire semblant d'en douter. Quant à l'esprit de prosétytisme, il est connu comme le soleil. Depuis la marchande de modes jusqu'au philosophe, c'est la partie saillante du caractère national. »

Pour la centième fois peut-être en remontant aux excursions antiques des peuplades septentrionales dans le midi de l'Europe, les descendants des Cimbres et des Teutons ont envahi et ravagé le vieux sol gaulois. A leur tête, les Prussiens viennent d'obtenir des succès inouïs sur la France, à laquelle ils ont enlevé deux de ses plus belles provinces. Mais ces vainqueurs si prodigieusement fortunés, lui ont-ils enlevé aussi les *deux bras* avec lesquels elle *remue le monde*, et *influence les hommes*, sa *langue* et son *esprit de prosélytisme?* Il le faudrait, pour lui enlever du même coup, comme on s'en flatte à Berlin, l'exercice de sa *véritable magistrature sur l'Europe*.

Grâce à Dieu, cette gigantesque amputation des deux bras de la France n'est pas aussi facile à opérer que M. de Bismark voudrait le faire croire à l'Allemagne, et la suprématie française, en dépit des efforts herculéens du pangermanisme et malgré notre écrasement momentané, loin d'être profondément atteinte, restera inébranlable aussi longtemps qu'elle ne sera pas dignement et définitivement remplacée. L'histoire de l'humanité l'atteste, le monde policé a toujours eu besoin d'avoir à sa tête un peuple particulièrement préposé à la garde et à la propagation des lumières acquises : dans l'antiquité, Thèbes et Memphis d'abord, Athènes et Rome dans la suite ; chez les modernes, la capitale de la France.

Oui, la primauté de la France, manifestement incontestable, quoique non écrite dans les traités, s'exercera légitimement dans les limites de l'ordre moral, si voisin de l'ordre politique, tant que le monde policé, qui a toujours besoin d'une magistrature centrale, n'aura pas trouvé ailleurs le siége de son foyer principal.

III

Nous savons bien que l'orgueil germanique s'est promis de démontrer par la force des armes au monde policé, qu'il n'a plus à chercher ce foyer central, et que l'Athènes moderne n'est ni à Rome ni à Paris, mais à Berlin ou à Francfort.

Quelque étrange que soit cette prétention, ce serait une erreur de croire qu'elle n'a pu se produire que dans l'ivresse de la victoire. Bien avant les succès étourdissants de Sadowa et de Sedan, l'idée de la transmission de la suprématie politique, religieuse et civilisatrice, en Europe, à la Prusse conquérante, avait été conçue et propagée par une secte qui fondait ses vues ambitieuses sur l'alliance du mysticisme le plus intolérant avec le militarisme le plus insatiable. Elle est connue sous le nom de Borussianisme. Dès 1862, un de ses organes les plus éminents, le docteur Hœusser, professeur à Heidelberg, signalait hautement dans les *Annales prussiennes* le but de cette puissante association. Il s'agissait de régénérer l'empire d'Allemagne et d'opérer *des transformations politiques basées sur l'autorité du souverain et sur le protestantisme*. C'était la vocation providentielle de la Prusse; les adeptes professent qu'*elle est supérieure à tous les droits et que tout ce qui la contrarie est une injustice*. C'est un Allemand, M. Ketteler, évêque de Mayence, qui a dénoncé ce fanatisme dans son livre de *l'Allemagne après la guerre de* 1866.

Voyons maintenant si cette supériorité purement militaire, établie sur les hasards ou les résultats d'une seule campagne, a pour appui et confort en Prusse les qualités essentielles, les conditions fondamentales, qui constituent la supériorité morale et déterminent l'aptitude à l'exercice d'une magistrature, comme celle de la France, sur le monde policé.

Nous n'avons pas besoin de dire que la Prusse ne possède pas évidemment les *deux instruments* dont la France s'est servie de temps immémorial, dont elle se sert encore aujourd'hui au milieu de ses malheurs et dont elle continuera de se servir *pour remuer le monde*, en dépit des bonnes fortunes du pangermanisme.

Mais en dehors de la puissance de ces deux instruments (la langue et l'esprit de prosélytisme de la France) qui manquent à la Prusse et dont le défaut rend bien difficile l'avénement de la race germanique à la primauté européenne, il y a d'autres considérations bien plus graves qui rendent tout à fait impossible, à cette heure, l'élévation des derniers gardiens de la barbarie tudesque au premier rang des peuples civilisés.

Il suffit, pour être pleinement convaincu de cette impossibilité, de voir où en est aujourd'hui la civilisation, de bien comprendre d'où elle vient et où elle va, et de mettre ses exigences, ses besoins et ses moyens, pour la conservation de ses progrès accomplis et pour la réalisation de ses progrès futurs, en regard des idées et des pratiques politiques et religieuses, qui règnent d'une manière absolue à Berlin.

La civilisation, dans sa marche irrésistible, quoique toujours violemment contrariée par les bénéficiaires du passé, adorateurs de *la force qui pour eux prime le droit*, la civilisation est visiblement parvenue à faire du travail pacifique, dans l'ordre intellectuel et matériel, le maître présomptif de l'avenir. Elle a donné au monde pour cela de merveilleux instruments : la vapeur, les chemins de fer, le télégraphe électrique, etc., etc. Le monde, ainsi doté, se sent trop puissant et trop fort, par sa science et son industrie, par ses lumières et ses richesses, par l'active fécondité de ses classes laborieuses, pour souffrir longtemps encore que la tradition féodale, annulant les conquêtes morales de la philosophie moderne et de la révolution française, menace incessamment les nations policées des retours périodiques de la guerre, et les expose, à chaque instant, à voir l'élite de leurs producteurs transformée en impitoyables destructeurs; leurs fertiles plaines, leurs champs nourriciers, changés en champs de carnage et en vastes cimetières, et les dons précieux de la civilisation, chemins et télégraphes, interceptés ou brisés, toutes les fois qu'une dissidence surgira entre ses vieux maîtres.

Quelqu'un oserait-il prétendre que la Prusse soit constituée et gouvernée pour marcher à la tête de ce mouvement civilisateur qui doit conduire à la pacification universelle? Il n'y a pas encore deux ans que M. de Bismark, ayant à répondre à une proposition de désarmement général qui lui était faite par lord Clarendon, au nom de l'Angleterre appuyée par la France, déclarait résolument :

« Qu'il était impossible à la Prusse de modifier un système militaire entré si profondément dans les traditions du pays, qui formait une des bases de sa constitution et n'avait rien que de normal. »

Ajoutons que dans ce pays, essentiellement constitué pour la guerre, l'armée est féodalement organisée au profit de l'aristocratie, et que le principe féodal, dispensateur unique de la souveraineté héréditaire, y couronne l'édifice. Oui, dans le nouvel empire d'Allemagne, c'est toujours le *droit divin* qui *prime et régit la force*, et c'est la *force* qui *prime le droit humain*. La tradition du moyen âge, maîtresse partout, voilà la Prusse de la fin du XIXe siècle !

Ce n'est pas là que peut se trouver le gardien privilégié et suprême des destinées de l'Europe civilisée !

L'orgueil prussien ne peut pas admettre, il est vrai, la possibilité du prompt rétablissement de la prépondérance française en Europe. En énumérant les canons et les milliards, les citadelles et les provinces que la victoire a fait passer dans ses mains, le pangermanisme est porté à considérer comme définitives la défaite, l'humiliation, la chute, la ruine de la France. Cependant, ce n'est pas seulement sur la supériorité de l'organisation militaire de la Prusse que les illuminés de Berlin fondent leur espérance d'annuler et de remplacer l'influence française, et de mettre fin par là à la prédominance morale de la race latine pour la transmettre à la race germanique. Ce que leurs ancêtres ont si longtemps tenté en vain ; ce que les barbares du moyen âge, dans leurs plus heureuses irruptions, n'ont jamais pu obtenir, la prééminence intellectuelle et morale, aussi bien que la primauté politique sur les peuples vaincus et les pays conquis, les enfants de Vitikind se croient appelés à le réaliser en ce siècle, en se prévalant de la double possession de la force brutale qu'ils doivent à leur artillerie et de la force spirituelle qu'ils tirent de leur foi religieuse. Les *Annales prussiennes* de 1862, que nous avons citées plus haut, le déclarent formellement : la Prusse prétend ressusciter l'empire d'Allemagne en se basant *sur l'autorité du souverain et sur le protestantisme.*

Nous avons assez dit ce que peuvent valoir, pour l'avenir du monde policé, des transformations politiques accomplies par l'autorité d'un souverain qui s'est proclamé le champion indomptable du droit divin. Voyons maintenant ce que promet à la cause des peuples avancés en civilisation l'intervention du protestantisme.

IV.

Ce n'est pas nous, certes, qui réclamerons contre la nécessité d'une intervention religieuse pour rendre possible, durable et féconde une rénovation sociale qui est l'objet d'une aspiration universelle, au sein des masses populaires, et qui ne pourra enfanter que d'effroyables désordres aussi longtemps qu'elle ne sera pas réglée, dirigée par une croyance commune.

Notre opinion sur ce point fondamental a été exprimée longtemps avant qu'elle fût justifiée, comme elle l'a été de nos jours, par d'horribles événements.

C'était à la fin de 1830. La ligue internationale des travailleurs n'existait pas et elle était encore loin de se former. Mais pour les observateurs attentifs, les éléments et les causes de sa formation apparaissaient à l'horizon comme des signes précurseurs d'orages. Nous dîmes alors dans une réunion publique, et nous fîmes insérer dans le *Globe* ce qui suit :

« L'activité matérielle des peuples ne sera plus militaire dans l'avenir; elle ne s'appliquera plus à dépouiller, à massacrer les hommes, mais à exploiter, à féconder le globe au profit de tous les hommes.

« Les masses industrielles! voilà donc les éléments de l'existence matérielle de la société future! Les classes laborieuses! voilà les conquérants nouveaux qui doivent s'établir sur les ruines du monde féodal! Mais ces conquérants, s'ils n'apportent pas au milieu de nous la barbarie des Huns et des Sarmates, s'ils ne viennent pas des déserts de la Scythie, sortent du moins de leurs ateliers et de leurs champs, comme du fond d'autres Palus-Méotides, où ils ont végété dans l'ignorance et la misère....

.... Ah! s'ils venaient à céder à l'impatience brutale qui les entraîne vers les biens dont ils sont entourés sans pouvoir y toucher, qu'ils produisent sans en jouir; s'ils restaient abandonnés à la convoitise fougueuse qui les tourmente et les dévore; s'ils tentaient de sortir de la position infime et malheureuse qu'ils occupent pour envahir violemment la position des classes élevées, sans autres guides que leurs passions désordonnées, sans avoir agrandi la sphère de leurs sentiments et de leurs idées, sans avoir reçu la lumière et le frein d'une nouvelle foi, d'une croyance commune, des scènes de carnage et de dévastation épouvanteraient encore le monde!

«Voyez plutôt comment ces populations infortunées, déshéritées en même temps de l'éducation et de la fortune, manifestent leurs désirs d'amélioration en l'absence d'une doctrine, d'une croyance religieuse. Voyez les ouvriers de la Belgique, les paysans de l'Allemagne et de l'Angleterre, promener le fer et le feu sur leur pays! Voyez, plus près de nous, tout ce qu'il y a d'effrayant dans la situation misérable, dans les plaintes, les murmures et les soulèvements des travailleurs les plus civilisés de l'univers, et pressez-vous d'accueillir l'annonce et de reconnaître l'urgence d'une nouvelle croyance commune; pressez-vous : *Voilà les barbares!*»

Les barbares vinrent, en effet, ayant inscrit sur leur drapeau cette devise : *Vivre en travail-*

lant, ou mourir en combattant. En 1831, Lyon tomba en leur pouvoir, et, il faut le reconnaître, ces barbares se montrèrent encore, dans leur triomphe éphémère, assez imbus de l'esprit de la civilisation contemporaine pour interdire le pillage sous peine de mort. Il n'en furent pas moins réprimés par des ordres impitoyables, comme ils devaient s'y attendre. Malheur aux générations qui traversent des époques de révolution et d'insurrection, où le défaut de pitié s'impose comme une nécesssité officielle et presque comme une vertu civique! Mais les barbares, impitoyablement réprimés, rencontrèrent dans leur défaite quelque chose de plus cruel pour leur avenir qu'un déni de compassion. Ils avaient articulé que le salaire traditionnel dont les patrons payaient leur travail était insuffisant à les faire vivre, eux et leur famille, et ils invoquaient la sollicitude de la puissance publique, qu'ils prenaient pour une providence sociale. Cette question capitale ayant été portée à la tribune de la Chambre des Députés, on leur répondit que *toute tentative du gouvernement de vouloir intervenir dans les relations de la propriété et du travail serait chimérique et funeste; que l'état actuel n'était que le cours or-*

dinaire des choses; qu'il serait fâcheux que le gouvernement prît sur lui la responsabilité de guérir les maux de la société, car cette guérison est impossible.

Cette fin de non-recevoir rappelait trop la fameuse inscription de *Dante*. Et cependant c'était le dernier mot, la seule réponse que les plus grands esprits de la philosophie critique et du libéralisme pussent hasarder, *in extremis*, sans abjurer leurs principes d'économie politique et sociale. Aussi qu'arriva-t-il? Le mal, déclaré incurable par le gouvernement, continua de ravager la société. A la première occasion, les barbares devaient reparaître. Ils n'y manquèrent pas. Le 6 juin 1832, ce fut Paris qui éprouva cette nouvelle irruption. Que fîmes-nous alors, nous, qui, un an auparavant, avions signalé leur approche, en insistant sur la nécessité, sur l'urgence d'une grande réforme pacifique, sociale et religieuse? Nous poursuivîmes notre œuvre de conciliation des partis et la propagation paisible de nos doctrines; et, au lieu de dire, avec les coryphées de l'éclectisme régnant, que la puissance publique devait s'abstenir rigoureusement de toute immixtion dans les démêlés de la propriété et du travail et que la guérison des souffrances des travailleurs était impossible, nous fîmes un appel au gouvernement pour qu'il encourageât, par des subsides, les grandes entreprises industrielles. Un manifeste, affiché dans tout Paris, au bruit du canon, renfermait le passage suivant :

« Nous aimons tous les partis, parce que chacun a quelque chose en soi de juste, de bon, de légitime.

« Mais nous ne sommes avec aucun parti, parce qu'aucun ne peut triompher sans tyranniser les autres, parce qu'aucun ne peut faire le bonheur de la France, puisque le bonheur est dans *la paix*, dans l'*union*, dans le *travail*, dans *la richesse*, et que tous les partis sont obligés d'employer, pour réussir, la *guerre*, la *discorde*, la *haine*, ennemies du travail et de la richesse....

« Comment les faire disparaître ? En leur offrant à *tous* un BUT que TOUS puissent AIMER.

« Or, nous, saint-simoniens, nous avons cherché un but qui fût dans l'intérêt de tous les partis ; notre maître, Enfantin, l'a trouvé et notre vie est consacrée à le faire connaître.

« Le but, c'est *le développement de l'in-*

dustrie, l'organisation en grand du travail, l'affranchissement pacifique et progressif des travailleurs;

« Et nous avons indiqué les moyens actuels de l'atteindre :

« 1° En commençant immédiatement le CHEMIN DE FER DE PARIS A MARSEILLE ;

« 2° En exécutant le projet depuis si longtemps présenté d'une distribution générale d'eau dans Paris ;

« 3° En perçant une rue du Louvre à la Bastille, etc., etc. »

Le manifeste demandait ensuite que pour entreprendre et activer ces travaux le gouvernement leur appliquât les 87 millions perdus tous les ans à l'amortissement.

Ces grands travaux n'ont été exécutés que trente ans plus tard, sur les plans, ou par l'iniative ou avec le concours principal d'Enfantin et de quelques-uns de ses disciples.

En 1832, les conservateurs ne pensaient encore qu'à rire des avertissements des saint-simoniens et à perfectionner leur système favori de répression impitoyable. Le geôlier et le bourreau devaient suffire pour préserver l'ordre social existant de toute atteinte. Cette triste politique porta ses fruits. De nouvelles insurrections éclatèrent en 1834, à Lyon, à Saint-Étienne et à Paris même. Elles eurent le même sort que les précédentes et ne servirent qu'à justifier ce que nous avions dit tant de fois aux ouvriers, que ce n'était pas le glaive de Spartacus qui avait affranchi les esclaves, mais la parole du Christ.

Après les insurrections, vinrent les complots et les attentats. Le désordre changeait ses moyens d'expression, le gouvernement ne savait que répéter et aggraver sa législation pénale.

C'était tout ce que les hommes d'État de ce temps pouvaient opposer à la menace d'une révolution sociale qui s'était tant de fois annoncée par le soulèvement des classes ouvrières ! L'aveuglement avait été tel tout d'abord sur cette question capitale dans les hautes régions du pouvoir, que les esprits qui se piquaient le plus de pénétration et de sagacité avaient affecté hautement, jusques dans leurs discours officiels, la plus complète assurance sur la vanité des prétentions radicales et sur la turbulence impuissante de l'esprit démocratique.

« Les philosophes et les tribuns les plus

célèbres du XVIIIe siècle, s'était-on écrié en pleine tribune, avaient prédit qu'il n'y aurait bientôt plus ni nobles ni rois, et nous avons toujours des rois et des nobles; ils avaient annoncé que la royauté et l'aristrocratie seraient un jour errantes le long des républiques, et l'aristocratie et la royauté sont toujours debout. »

Railler le génie préparateur de l'immense rénovation de 1789 sur la stérilité de ses conceptions et la fausseté de ses prophéties, nous apparut comme un excès d'étourderie et d'ingratitude; et dans une tribune privée où nous osions contrôler les incartades officielles, nous adressâmes cette apostrophe aux moqueurs malavisés des célébrités philosophiques et politiques du dernier siècle :

« Nos philosophes et nos tribuns se sont-ils tellement trompés que votre raillerie puisse les atteindre ? Où sont les nobles et les rois dont ils présagèrent la chute? Montrez-nous l'aristocratie et la royauté dont ils célébrèrent d'avance les funérailles! Vous qui osez rire de ces colosses d'intelligence et de renommée, relisez donc les pages que le génie de l'histoire vous dicta autrefois. Allez méditer dans la solitude de Versailles, aux environs du Jeu de Paume, sur les ruines de la Bastille, à la place de la Concorde, et riez ensuite, si vous en avez le courage, des folles prédictions du XVIIIe siècle! Et si ce lugubre tableau du long enterrement des nobles et des rois, impitoyablement condamnés par nos pères, ne suffit pas pour vous faire prendre au sérieux les prophéties démocratiques de la philosophie et de la tribune, voyez ce que nous-mêmes, hommes du XIXe siècle, nous avons fait de cette royauté et de cette aristocratie qui vous paraissent avoir survécu aux prévisions de nos devanciers, pour les démentir et pour fournir à leurs superbes contempteurs un vaste sujet de moquerie. Le génie lui-même, roi de notre choix, est tombé du trône quand nous n'avons plus voulu l'y soutenir; la légitimité, protégée par une ligue redoutable, a cessé de régner sur nous quand il nous a paru que son heure était venue. La souveraineté du peuple et le droit divin ne nous ont donné tour à tour que des magistrats révocables qui n'avaient des rois que le nom, et qui, aux yeux de la France, ne faisaient plus qu'appliquer des sobriquets à leurs courtisans quand ils croyaient faire des nobles. Railleurs des philosophes et des tribuns, consolateurs des nobles et des rois, songez donc à Sainte-Hélène et à Holyrood, avant de taxer de ridicule le présage de tant de catastrophes accomplies! Songez que si la noblesse et la royauté ne sont pas errantes le long des républiques, elles promènent leur nullité ou proclament leur péril le long des révolutions! »

Ce qui était frappant de vérité il y quarante ans, n'a fait que s'affirmer de plus en plus dans la conscience universelle. Aujourd'hui, plus que jamais, la royauté promène sa nullité le long des révolutions, et nous voyons, en France même, trois dynasties errantes autour ou dans le sein d'une république dont la présidence rend justement fier et heureux, autant que dévoué, l'homme d'État même qui traita si lestement, à son début, les prédictions républicaines du XVIIIe siècle.

Mais si grave que fût l'erreur des fondateurs de la monarchie de Juillet sur le sort des nobles et des rois, il y avait pour eux un danger plus grand à se tromper sur le sort des prolétaires. Or, leur prévoyance était encore plus courte sur l'avenir et l'importance du socialisme que sur les chances d'une réapparition de la république. Nous avons rappelé textuellement la déclaration de M. Guizot sur l'incompétence absolue de l'autorité publique dans les questions sociales. Quelle haute leçon était donc réservée sur ce point capital à l'illustre professeur, lorsqu'il partit pour l'ambassade de Londres où, l'attendaient, de la part de Robert Peel, et au sujet de l'état social de l'Europe, des épanchements suprêmes comme celui-ci :

« Il y a là (et M. Guizot nous apprend que Robert Peel disait cela sans cesse) trop de souffrance et de perplexité ; c'est une honte comme un péril pour notre civilisation : il faut absolument rendre la condition de ce peuple du travail manuel moins dure et moins précaire. On n'y peut pas tout, bien s'en faut, mais on y peut quelque chose, et on y doit faire tout ce qui se peut. »

Rien n'annonça depuis que ces avertissements confidentiels eussent profité au conseiller du roi Louis-Philippe. Il tomba du pouvoir sur une question de mesquine réforme électorale et devant une émeute, grosse à la fois de la république et du socialisme.

La république reçut seule le baptême constitutionnel ; le socialisme fut écarté comme un bâtard compromettant, et il provoqua même autour de lui, surtout parmi les républicains des classes bourgeoises, plus d'effroi que de sympathie. Il ne pouvait en être autrement. Au 24 février et au 24 juin 1848, le socialisme n'avait rien perdu de son caractère fatalement barbare, tel que nous l'avions signalé en 1831. C'était toujours la même prétention d'obtenir violemment satisfaction des classes élevées, de procéder même à une liquidation sociale, sur les plans de quelques théoriciens plus ou moins aventureux, et de tenter la création d'un monde nouveau, sans autres guides que des passions désordonnées, sans avoir agrandi la sphère des sentiments et des idées dans les masses et dans tous les rangs de la société, sans avoir surtout reçu la lumière et le frein d'une foi nouvelle. Il était évident que, dans de pareilles conditions, le socialisme ne pouvait que justifier toutes nos prévisions en épouvantant encore le monde par des scènes de carnage et de dévastation.

V

Les vingt ans écoulés depuis sous l'Empire, et pendant lesquels le socialisme a obtenu l'abolition du délit de coalition et la désuétude des peines portées par le Code pénal contre les associations et les réunions non autorisées de plus de vingt personnes; ces vingt ans ont-ils atténué les souffrances, calmé l'irritation, développé l'intelligence et amélioré l'état moral du socialisme révolutionnaire?

Nous nous faisons cette question en face des ruines encore fumantes de tant de monuments que nous avons été condamnés à voir brûler de fond en comble, il n'y a pas encore un an.

Plus que jamais donc le socialisme sans foi et sans discipline s'est rendu applicable le nom de *barbare*, plus que jamais il a épouvanté le monde par le carnage et la dévastation.

Quand nous signalions, en 1830, le danger imminent d'une réforme sociale, tentée en l'absence de tout frein religieux, de toute croyance commune, nous n'avions devant nous que l'incrédulité purement critique des masses agitées par la démagogie ou la misère. Mais les meneurs du socialisme radical et militant se sont ravisés. Ils ont pensé que, pour accomplir leur œuvre de complète destruction, il ne leur suffisait pas de la mollesse ou de l'inertie du scepticisme, et ils ont pris cette tournure pour ériger l'athéisme en dogme. Au lieu de nier tout simplement l'existence de Dieu, ils ont dit : *Dieu, c'est le mal.* Et dès lors vite une sainte croisade de l'humanité contre le MAL !

Malheureusement, ces accès d'un philosophisme épileptique, sans être ostensiblement bien contagieux, n'étaient pas sans rapport intime avec un monde où l'anarchie des idées et des intérêts et le défaut de lien moral ne laissaient plus un caractère d'universalité qu'au penchant le plus subversif de la sociabilité humaine, à l'égoïsme ; l'égoïsme d'autant plus à l'aise pour isoler l'homme de l'homme, qu'il l'a préalablement isolé de Dieu.

Que l'on multiplie donc les juridictions et les commissions, les enquêtes et les interrogatoires, pour découvrir et punir les incapacités, les défaillances ou les trahisons éparpillées dans les mille incidents et les détails innombrables des malheurs inouïs accumulés sur la France, tout ce déploiement minutieux d'ardeur investigatrice, très-louable sans doute, pourra bien atteindre, aux degrés même les plus élevés de l'échelle sociale, quelques-uns des instruments plus ou moins actifs des calamités que nous avons subies, mais sans dévoiler, sans flétrir, sans désarmer et sans rendre désormais inoffensif l'auteur principal de tant de maux, le vrai, le grand coupable, qui n'est pas autre que l'*athéisme*. Oui, c'est l'ATHÉISME, tantôt excitateur audacieux, tantôt conseiller intime de l'égoïsme, sous les dehors d'une foi hypocrite, qui fait les mauvais gouvernants et les mauvais gouvernés, les mauvais soldats et les mauvais citoyens, en affaiblissant ou en brisant le nerf social, et en faisant ainsi prévaloir l'intérêt personnel sur l'intérêt genéral.

Qu'est-ce à dire? Les croyants fanatiques à la vocation providentielle de la Prusse féodale et protestante auraient-ils raison, et la France serait-elle réellement et à jamais déchue de son rang suprême, en Europe et dans le monde policé tout entier, pour avoir laissé éteindre dans son sein tout rayon de foi religieuse, et épuisé par là sa séve morale?

Non, mille fois non, rien d'aussi désespérant ne s'est passé et ne se passera en France (notre démenti est bien justifié par l'élan national pour la délivrance du sol français). « Il n'y a plus de foi sur la terre, a dit de Maistre, le genre humain ne peut rester dans cet état. » Eh bien, s'il y a un coin sur la terre où ait été déposé et tenu en réserve le germe de la foi qui manque au genre humain en remplacement de ses croyances éteintes, ce coin privilégié n'est pas évidemment et ne peut pas être là où l'esprit religieux n'est plus que le complice de l'esprit féodal, là où le mysticisme hypocrite et servile d'une secte protestante va jusqu'à renier le principe même de la réforme, le libre examen, le *rationalisme*, pour raviver les traditions superstitieuses et absolutistes du moyen âge, c'est-à-dire tout ce qu'il y a de plus incompatible, en religion et en politique, avec le flot montant de la raison, de la science et de la démocratie, maîtresses présomptives de l'avenir. Arrière donc borusses ou piétistes, rationalistes renégats, ce n'est pas dans votre sein, dernier refuge du fanatisme biblique mêlé au culte du droit divin, que peut se trouver le germe d'une foi nouvelle, pour le genre humain, le virus d'une régénération universelle !

Les profonds penseurs, les puissants manieurs d'idées, n'ont pas manqué certainement à l'Allemagne, depuis Leibnitz jusqu'à Hégel, en passant par Kant, Fichte et Schelling; mais tous ces grands esprits, comme on en a fait la remarque, plus ou moins accessibles à l'instinct religieux, n'ont été après tout que des philosophes dont la réligiosité est restée purement spéculative et individuelle, sans rien produire de nouveau en métaphysique, et surtout sans apporter ni sérieuse attention, ni vive lumière, ni active sollicitude à la question capitale du rôle social réservé au sentiment religieux, ou, pour mieux dire, à l'institution religieuse, dans l'avenir.

La race germanique est destinée sans doute à prendre un rang élevé dans cet avenir de la société européenne; mais ce ne peut être en marchant à reculons sous le drapeau de la Prusse féodale qu'elle y parviendra. Elle renferme dans son immense et féconde population sa bonne part des conquérants du monde nouveau. Mais ces conquérants sont encore chez elle, comme dans le reste de l'Europe, des barbares athées, des socialistes effrénés, condamnés à épouvanter l'humanité aussi longtemps qu'ils n'auront pas renoncé à leur négation absolue de toute divinité, et retrouve le lien d'une croyance commune.

Mais où faut-il donc chercher, où peut-on

découvrir ce lien indispensable pour la régénération universelle, si ce n'est là où l'athéisme, malgré l'étendue et la profondeur de ses ravages, a rencontré des contradicteurs aussi bien inspirés que mûrement réfléchis, et qui n'ont pas craint de se dresser en face de lui pour signaler et repousser énergiquement sa prétention orgueilleuse et mensongère de parler au nom de la raison et de la science, et pour démontrer que la valeur rationnelle et scientifique de son audacieuse négation devait être nécessairement limitée aux divinités que l'homme a faites si longtemps à son image dans le cours des siècles, c'est-à-dire, à l'anthropomorphisme de toute origine, biblique ou homérique, oriental ou occidental?

Oui, c'est encore, n'en déplaise aux piétistes illuminés de l'Oder et de la Sprée, c'est encore dans cette France, militairement si écrasée, diplomatiquement si délaissée, financièrement si épuisée, territorialement si mutilée, religieusement et moralement si délabrée; c'est dans cette France sur laquelle viennent de s'abattre à la fois, comme sur l'ancienne Rome, tous les genres de barbarie; c'est sur ce sol couvert de tant de ruines et baigné de tant de sang et de larmes, que doit s'accomplir, se réaliser l'option imposée par de Maistre à tout vrai philosophe, dans ce fameux passage des *Considérations sur la France* :

« Lorsque je considère l'affaiblissement général des principes moraux, la divergence des opinions, l'ébranlement des souverainetés qui manquent de base, l'immensité de nos besoins et l'inanité de nos moyens, il me semble que tout vrai philosophe doit opter entre ces deux hypothèses, ou qu'il va se former une nouvelle religion, ou que le christianisme sera rajeuni de quelque manière extraordinaire..... Cette conjecture ne sera repoussée dédaigneusement que par ces hommes à courte vue, qui ne croient possible que ce qu'ils voient. Pline, comme il est prouvé par sa fameuse lettre, n'avait pas la moindre idée du géant dont il ne voyait que l'enfance. »

Trente ans seulement après cette conjecture, un vrai philosophe, Saint-Simon, publiait le *Nouveau Christianisme*, qui était à la fois une religion nouvelle et un rajeunissement ou une transformation progressive de l'ancienne.

Dans cette publication capitale, Saint-Simon ne faisait que développer la pensée qu'il avait exprimée, dès 1802, dans ses *Lettres d'un habi-*

tant de Genève à ses contemporains, et qu'il avait reproduite en 1810, dans sa correspondance avec son neveu, sur la religion considérée comme nécessité sociale et soumise à toutes les modifications exigées par le progrès des lumières.

En 1825, convaincu plus que jamais que la société moderne se trouvait dans un état de crise scientifique, morale et politique, et que cette crise était déterminée par la modification qui s'opérait dans l'idée religieuse (au milieu même du scepticisme universel qui inspirait à Lamennais son livre sur l'indifférence en matière de religion), Saint-Simon voulut couronner ses plans de réorganisation sociale, ses travaux sur la science et l'industrie, par un exposé sommaire de sa pensée sur le progrès religieux en voie de s'accomplir. C'en était fait, à ses yeux, des révélations bibliques dont le surnaturalisme avait provoqué les débordements de l'incrédulité régnante. Mais si le *bon Dieu* avait fait son temps, comme l'ont proclamé plus tard les énergumènes athées des clubs, ce ne pouvait être, nous ne saurions trop le dire, que *le bon Dieu de l'anthropomorphisme* et non pas le VRAI DIEU contre lequel la science, à moins de se jeter passionnément dans le domaine des conjectures, n'a pas de démonstration irrésistible à faire valoir.

Ce vrai Dieu, que Saint-Simon et ses disciples ont reconnu, n'est pas une découverte moderne. Les Pères du concile de Nicée l'avaient trouvé annoncé par les flambeaux de la primitive Église, par saint Jean et saint Paul notamment, et il avait fallu l'intervention de l'absolutisme césarien pour contraindre l'épiscopat chrétien à une concession à l'anthropomorphisme, concession, du reste, dont l'expérience des siècles devait justifier la nécessité temporaire comme expédient politique, mais qui ne peut plus aujourd'hui que contribuer à l'extinction croissante de la foi.

Saint-Simon et ses disciples ont donc professé et nous professons toujours que Dieu est l'Etre infini en qui se confondent le principe, la substance et la fin des Etres; que ce Dieu vit et se sent vivre dans tout ce qui est; et que, selon le mot du grand apôtre, *tout est de lui*, *tout est par lui*, *tout est en lui*.

Cette révolution théologique, en détrônant le Dieu pur esprit personifié dans des individualités célestes, peut seule consacrer, régulariser et faire triompher pacifiquement la révolution sociale, qui nous a déjà coûté tant de maux, qui nous menace de tant d'autres encore, et à laquelle la marche progressive de l'humanité donne néanmoins une force invincible et assure une victoire tôt ou tard définitive.

La logique gouverne le monde. C'est au nom d'un dualisme originel, religieusement établi, que la philosophie et l'aristocratie païennes s'accordèrent pour supposer deux natures dans l'humanité, pour expliquer et justifier l'esclavage. C'est au nom du spiritualisme exclusif qu'un antagonisme dogmatique a été imaginé entre l'esprit et la matière, et exploité séculairement par les aristocraties chrétiennes et féodales. L'esprit étant réputé la substance unique, l'être absolu et le principe du bien, et la matière tirée du néant pour y rentrer formant le domaine du mal, il semblait naturel que les innombrables malheureux condamnés en naissant à mettre leur corps dans la dépendance perpétuelle des lois et des nécessités de l'ordre matériel, fussent fatalement associés à la flétrissure, aux souffrances et aux malédictions qui pesaient sur l'empire de Satan, dont ils étaient considérés comme sujets héréditaires, condammés au travail et à la misère par destination sociale.

Ce ne sera donc que lorsque cet antagonisme originel aura disparu de nos livres sacrés et de nos enseignements populaires, que l'on pourra logiquement, sous les auspices de la foi et de la raison réconciliées, amoindrir ou abolir les inégalités qui soulèvent de toutes parts de si vives protestations et qui perpétuent indéfiniment par là le danger de révolutions nouvelles.

C'est la transformation religieuse qui doit faciliter la réorganisation sociale. Quand la nature divine sera bien comprise dans son essence infinie, la nature humaine se comprendra bien elle-même dans son unité. C'est par cette compréhension de l'infini sans restriction irrationnelle et sans réserve impie ; c'est par la notion complète du grand Etre qui embrasse et sent vivre en lui tous les êtres ; c'est, en un mot, par la connaissance, l'amour et le culte de ce vrai Dieu, que la société moderne parviendra à pratiquer la vraie fraternité d'homme à homme, de classe à classe et de nation à nation, et qu'elle pourra remplacer l'Internationale révolutionnaire des athées ainsi que l'Internationale réactionnaire des jésuites par une internationale pacifique, religieuse et puissante, qui travaillera, sans plus craindre l'antagonisme de la foi et de la science, au progrès de la moralité, des lumières et du bien-être de la grande famille humaine, constituée en association universelle.

C'est dans la correspondance inédite d'Enfantin, dont nous entreprenons aujourd'hui la publication, que se trouve développée, d'année en année, l'idée saint-simonienne sur la nécessité et la nature de la modification théologique annoncée par le *Nouveau Christianisme*. On sait comment fut accueilli à son apparition ce signe de renaissance religieuse. Oser parler d'un retour sentimental et rationel au déisme comme pivot de l'édifice social, quand le scepticisme et l'athéisme se partageaient la prédominance dans le domaine de la pensée, c'était s'exposer à coup sûr aux sarcasmes des plus grands esprits. Mais les convictions fortes et sincères, en pareille matière, ne reculent pas plus devant le rire que devant le danger. Benjamin Constant nous prit pour des *prêtres de Thèbes et de Memphis*, et Chateaubriand s'amusa à dire que les audacieuses nouveautés dont les uns se moquaient et les autres s'effrayaient, n'étaient que des *friperies antiques*, appendues depuis vingt siècles dans les écoles de la Grèce. Le *Producteur* répondit à Benjamin

Constant; nous répondîmes à Chateaubriand dans le *Globe,* par cette apostrophe :

« Vous qui, dans votre pèlerinage poétique au berceau du christianisme, avez peint si énergiquement la vanité des outrages et des mépris qui entourent une religion naissante et qui empêchent d'apercevoir sa future grandeur à travers la faiblesse de son enfance ! Vous qui avez tracé ces paroles remarquables sur la caverne des apôtres :

« Tandis que le monde entier adorait, à la « face du soleil, mille divinités honteuses, « douze pêcheurs, cachés dans les entrailles de « la terre, dressaient la profession de foi du « genre humain et reconnaissaient l'unité du « Dieu créateur de ces astres, à la lumière « desquels on n'osait encore proclamer son exis- « tence. Si quelque Romain de la cour d'Auguste, « passant auprès de ce souterrain, eût aperçu « les douze Juifs qui composaient cette œuvre « sublime, quel mépris il eût témoigné pour « cette troupe superstitieuse ! Avec quel dédain « il eût parlé de ces premiers fidèles ! Et pour- « tant, ils allaient renverser les temples de ce « Romain, détruire la religion de ses pères, « changer les lois, la politique, la morale, la

« raison et jusqu'aux pensées des hommes ! Ne « désespérons donc jamais du salut des peuples. « Les chrétiens gémissent aujourd'hui sur la « tiédeur de la foi ; qui sait si Dieu n'a pas « planté dans une aire inconnue le grain de sé- « nevé qui doit multiplier dans les champs ? « Peut-être cet espoir de salut est-il sous nos « yeux, sans que nous nous y arrêtions ; peut- « être nous paraît-il aussi absurde que ridi- « cule. » (*Itinéraire*, p. 270 t. II.)

« Venez donc, ajoutions-nous, vous qui avez si bien prophétisé votre propre aveuglement, venez reconnaître le champ où le grain de sénevé a germé et fructifié ; venez entendre les hommes qui ont le courage de réaliser ce que vous eûtes la hardiesse de pressentir. Venez voir de près ces guenilles qui de loin ne vous inspirent que du mépris, et nous osons vous promettre, nous qui ne sommes que d'hier, à vous colosse de renommée, à vous, vétéran de la gloire ; nous osons vous promettre de faire briller une lumière nouvelle devant des yeux qui croient avoir tout vu, et de vous préserver à l'avenir du danger de rejeter comme de sales oripeaux ce qui peut et doit, selon nous, devenir la robe virile de l'humanité. »

Les événements survenus depuis un demi-siècle ont-ils changé la face des choses et démenti notre confiance en l'avenir de notre doctrine? Le grain de sénevé a-t-il été planté ailleurs et l'a-t-on découvert? Nous ne le pensons pas, à moins qu'on ne veuille le reconnaître dans les prétentions de la secte ambitieuse du pangermanisme, laquelle s'attribue une mission providentielle pour livrer l'Allemagne et soumettre l'Europe tout entière à la suprématie d'un impérialisme féodal, doublé d'un protestantisme rétrograde.

Mais le saint-simonisme, après avoir fait beaucoup de bruit dans ses commencements, ayant cessé de faire parler de lui, on se pressa de conclure, de sa réserve et de son silence, qu'il était mort. Il y a trois ou quatre ans à peine, un écrivain distingué, qui est aussi un penseur profond, consacra, dans une revue littéraire, quelques lignes critiques et bienveillantes à la défunte Ecole. Nous crûmes devoir le remercier de ses bonnes intentions, tout en lui reprochant de s'être trop hâté de faire du saint-simonisme l'objet d'une oraison funèbre : « Permettez-nous, Monsieur, lui dîmes-nous dans une lettre rendue publique par les journaux, permettez-nous de protester contre cette sépulture anticipée. Ceux qui ont eu la hardiesse, la *folie*, si vous voulez, de se proclamer les *hommes de l'avenir*, il y a quarante ans, et qui, loin d'avoir rencontré devant eux, pendant cette longue expérience, des concurrents dignes de revendiquer et de justifier ce titre, n'ont trouvé dans les agitations stériles des écoles, des églises, des parlements et des chancelleries du vieux monde, que des raisons de persévérer dans leurs prétentions; ceux-là, disons-nous, ont bien quelque droit de ne pas se laisser enterrer vivants et muets avec leurs croyances, quand ils sentent ces jeunes croyances plus vivaces que jamais en eux-mêmes, en dépit des glaces de l'âge, et malgré le voisinage insalubre d'un dogmatisme agonisant et d'un scepticisme contagieux. »

Tout ce qui s'est passé en France et en Europe depuis que nous tenions ce langage n'a pu que nous confirmer dans ces jeunes croyances et en maintenir la vivacité, malgré le voisinage insalubre qui est devenu tout à fait pestilentiel. La nécessité de la rénovation religieuse pour civiliser la barbarie démagogique et pour rendre acceptable et invincible la rénovation sociale, est chaque jour plus universellement sentie. En dépit des gens qui ne croient possible que ce qu'ils voient, le grain de sénevé continue de germer obscurément, et les planteurs, résignés dès longtemps à être méconnus, persévèrent dans leur foi et leur espoir sans impatience, parce qu'ils n'oublient pas que les grandes révolutions morales, dans la vie de l'humanité, ne triomphent définitivement de la puissance des obstacles qu'avec le concours de la puissance des siècles.

Heureux toutefois ces hommes, dans leur prévoyance et leur longanimité, quand ils peuvent, comme nous le pouvons aujourd'hui, constater des progrès immédiats et flagrants de leur doctrine !

Depuis un an, dans cette Angleterre qui a le bonheur de posséder parfois des hommes d'Etat dont la vue haute et lointaine embrasse les horizons de l'avenir et les porte à se préoccuper sérieusement de la condition misérable des classes ouvrières qui apparaissait sans cesse à Robert Peel comme *une honte et un péril pour notre civilisation;* dans cette Angleterre où les plaies sociales de notre temps sont si affreuses, un mouvement sympathique de curiosité et d'étude s'est manifesté à l'égard des idées saint-simoniennes; un écrivain distingué, Arthur Booth, a publié sous ce titre : *Saint-Simon et le saint-simonisme*, un livre remarquable par son exactitude et son impartialité, et auquel la presse britannique a fait l'accueil le plus favorable. Nous résumons ici en quelques lignes l'article d'une des feuilles anglaises sur cette importante publication :

« Les droits de Saint-Simon comme réformateur social ont été établis habilement par M. Booth dans son intéressant ouvrage. L'idée saint-simonienne était opposée à la servitude théologique. Le vrai christianisme doit rendre l'homme heureux sur la terre comme au ciel. La religion est progressive. Le nouveau christianisme réalisera le principe : *Aimez-vous les uns les autres*, et améliorera en conséquence la condition morale et physique du grand nombre. Le premier pas vers la réalisation de cette grande pensée est une mesure d'éducation générale. Le but religieux de la vie est d'acquérir des connaissances et de les employer utilement. » Le journaliste anglais rappelle ensuite que le libre-échange a eu pour premiers défenseurs les saints-simoniens, et il ajoute : « Il faut également faire remonter à la même source le projet maintenant largement répandu du développement intellectuel et social des femmes. »

Quant à Enfantin qui va se peindre lui-même dans la correspondance que nous entreprenons de publier, le journaliste anglais a esquissé sa grande figure en quelques traits que nous croyons devoir reproduire en terminant cette préface :

« Jamais homme plus extraordinaire n'a existé. Son influence personnelle était merveilleuse. S'il lui arriva quelquefois de pousser sa hardiesse novatrice jusqu'à l'extravagance, il ne faut pas oublier, non plus, qu'il apporta un grand sens pratique, une puissante faculté de réalisation, et un entier dévouement à l'exécution des travaux d'utilité publique les plus mémorables de notre époque, et qu'il se distingua par une amabilité et une simplicité admirables, jusqu'à la fin de son étonnante carrière. » (*Pall Mall*, 2 octobre 1871.)

Les membres du conseil institué par Enfantin pour l'exécution de ses dernières volontés :

Arthur Enfantin, — César Lhabitant, Laurent *de l'Ardèche*, — Henri Fournel, — Adolphe Guéroult.

P. S. Pendant que s'achevait l'impression de ce volume, le conseil institué par Enfantin pour l'exécution de ses dernières volontés perdait celui de ses membres que le maître avait chargé principalement de le faire revivre par la publication de ses œuvres, et qu'il avait nommé à cette fin son *légataire universel* : ARLÈS-DUFOUR !

La correspondance volumineuse que nous allons livrer à la publicité mettra en relief, bien mieux que nous ne saurions le faire ici, l'importance du concours ardent, énergique et fécond qu'Arlès ne cessa d'apporter à Enfantin, à toutes les phases de l'étonnante carrière de cet homme extraordinaire, sans que ce chaleureux dévouement ait jamais altéré dans Arlès l'indépendance de son caractère et la vivacité de sa rare et loyale franchise.

Mais, en attendant que la lecture des lettres de ces vrais apôtres du nouveau christianisme donne une idée exacte et complète de la valeur morale et intellectuelle d'Arlès, nous croyons devoir reproduire ici quelques lignes de l'article que notre ami Ad. Guéroult a consacré à sa mémoire dans l'*Opinion nationale* du 23 janvier :

« L'excellent ami que nous venons de perdre,

a dit Guéroult, a eu la vie la plus pleine, la mieux remplie, la plus utile aux autres, et par suite la plus heureuse dont un simple particulier puisse avoir à remercier la Providence.

« Fils de ses œuvres, né dans les dernières années du XVIIIe siècle, soldat un moment pour repousser l'invasion de 1814, il se jeta dans le commerce, et, grâce à son activité, à sa probité scrupuleuse, à la sûreté de ses relations, il finit par y conquérir une grande fortune et une considération plus grande encore.....

« Ses affaires n'ayant cessé de se développer, prirent un caractère cosmopolite qui lui permit de se lier avec presque tous les hommes importants, non-seulement de la France, mais de l'Angleterre, de l'Allemagne et de la Suisse.

« Adepte ardent et convaincu du saint-simonisme, Arlès-Dufour avait pris tellement au sérieux « l'amélioration morale, intellectuelle » et physique de la classe la plus nombreuse » et la plus pauvre, » qu'il ne cessa, jusqu'à ses derniers jours, d'encourager de sa bourse toutes les entreprises utiles, toutes les fondations populaires.

» Il était l'actionnaire-né de toutes les affaires qui lui paraissaient concourir à ce qui avait été le but de toute sa vie. Écoles, bibliothèques, journaux, sa famille seule peut savoir les sommes qu'il a consacrées à encourager le progrès sous toutes ses formes...... C'est ainsi qu'il venait de fonder dans sa résidence d'Oullins, près de Lyon, deux écoles qui lui ont coûté plus de cent mille francs. »

Après cet hommage rendu dans la presse à la mémoire d'Arlès par un coreligionnaire, un autre de ses plus anciens et meilleurs amis, M. Martin Paschoud, a prononcé sur sa tombe des paroles qui résument admirablement la pensée de tous ceux qui ont le mieux connu et le plus aimé ce grand praticien de la philanthropie positive et religieuse :

« Je veux parler, a dit M. Martin Paschoud, de ses sentiments religieux, au sujet desquels il ne faudrait pas qu'on se méprît, ici ou ailleurs, à cause de l'absence, qu'il a formellement prescrite, dans ses dernières volontés, de toute cérémonie religieuse...

« Arlès n'a jamais voulu se rattacher officiellement à aucune Eglise actuellement établie. C'est pourquoi, sincère et conséquent avec lui-même et avec les autres, jusques à la fin, il a interdit tout service religieux officiel à son enterrement. »

« Est-ce à dire qu'Arlès repoussât toute manifestation pieuse, toute croyance, toute prière ? — Non, certes. — Je peux l'affirmer, parce que je le sais pertinemment, ayant eu le temps de l'apprendre dans une intimité de plus de quarante ans : Arlès adorait Dieu, partout, dans toutes ses œuvres ; il priait Dieu et trouvait bon qu'on le priât ; il croyait à la vie éternelle, et ne croyait pas à la mort qu'il appelait la transformation ; il regrettait souvent de n'être pas assez en communication fraternelle avec les autres pour aller prier avec eux, et il désirait vivement, il espérait, il attendait, il provoquait la formation d'une Église nouvelle, d'une Eglise libre, qui pût répondre mieux, selon son idée, aux besoins de son temps et de son pays... »

« On a dit de lui, avec une parfaite vérité, qu'il poursuivait la sublime chimère de Fénelon ; comme l'archevêque de Cambrai, il aimait mieux son pays que sa famille, il aimait mieux l'humanité que son pays. On aurait pu ajouter avec la même vérité : il aimait mieux Dieu que l'humanité. — Si ce n'est pas là de la religion, quel sens faut-il donner à ce mot ? »

« L'année dernière, à l'occasion des livrets de caisse d'épargne qu'il avait coutume de distribuer et des intéressantes écoles primaires supérieures qu'il venait de fonder, tout à côté, Arlès écrivait de Londres à ses enfants : « Lorsque » par le travail on s'est acquis de l'aisance ou » de la fortune, le plus grand bonheur, avant » d'entrer dans la vie future, c'est de faire du » bien aux autres. »

« Or, si la religion pure et sans tache consiste, comme l'a dit un apôtre, « à visiter les veuves et les orphelins dans leurs afflictions, » ou, comme l'a dit Jésus, « à aimer son prochain comme soi-même, « j'ose vous demander si vous connaissez beaucoup d'hommes plus religieux que cet homme-là ? »

Cet homme-là possédait en effet au plus haut degré le sentiment religieux, et il en avait fait depuis longtemps l'application à une doctrine également satisfaisante pour sa raison et pour son amour de Dieu et de l'humanité. Cette doctrine, devenue sa religion, Arlès l'avait professée solennellement sur la tombe d'Enfantin, en face de celle de Saint-Simon ; et cette religion est celle dont il poursuivait hier encore la propagation, avec nous, et qu'il continue à confesser et à répandre par ses dernières volontés, et par tous ceux qui le sentent revivre en eux.

CORRESPONDANCE

INÉDITE

D'ENFANTIN

PREMIÈRE LETTRE

A PICHARD, A LAUSANNE

Lyon, mai 1820.

Je ne vous ai pas écrit de Genève, mon cher Pichard. J'avais cependant reçu par Dufour votre feuille et quelques mots de vous, mais je n'avais pas votre ouvrage assez présent pour en parler, et j'ai mieux aimé attendre. J'ai relu la totalité après en avoir compris l'ensemble, que je tenais déjà assez bien, au moyen de quelques-unes de nos conversations; et, quoique vous m'ayez effrayé de votre obscurité, je crois avoir vu clair. J'en reviens encore à ce que je vous ai dit de votre première partie : je la trouve infiniment plus facile et plus aisée à suivre que la seconde. Je pense que cette qualité est une des premières dans les ouvrages de ce genre. Il ne faut pas qu'en lisant on ait le temps de divaguer sur des phrases qu'on ne comprend pas. Si l'on s'y arrête, ce ne doit être que pour les commenter dans leur vrai sens. La seconde partie ne me paraît pas partout avoir atteint ce but. Il est vrai que le titre d'*Ébauche*, *d'Essai*, etc., justifie assez le vague que l'on pourrait quelquefois rencontrer. Je vous vois souvent citer Montaigne : quelques-uns de ses détracteurs prétendent que chaque opinion peut trouver dans ses ouvrages des appuis solides ; mais cela est indifférent si on y trouve aussi la vérité. Il me semble que votre système étant une espèce de développement nouveau de celui d'Helvétius, vous auriez pu y puiser beaucoup de citations ; et j'ai cependant à peine vu son nom. Depuis que je vous ai quitté, il m'est tombé sous la main un numéro de la *Revue encyclopédique* (15e cahier) ; un article sur l'ouvrage de Gall m'a frappé ; ces phrases : *Penser n'est jamais que sentir; Les idées ne sont que des sen-*

sations; Tout, dans les ouvrages de l'homme, porte l'empreinte de son organisation; au milieu de ses élans les plus sublimes, le génie est donc encore l'instinct et l'instinct soumis à des règles. CE QUI VOUS SEMBLE DÉLIRE, EST ASSERVISSEMENT; CE QUE VOUS NOMMEZ CAPRICES, CE SONT DES LOIS. Ces phrases, dis-je, m'ont rappelé toute votre idée du réseau et votre combat du libre arbitre. Cette dernière vérité, que les gens qui ne réfléchissent pas regardent comme funeste, parce qu'elles ne l'entendent pas bien, est très-bien démontrée chez vous. Vous avez bien raison d'en indiquer la cause dans l'imperfection de nos moyens d'observation. Votre note (49) est très-bonne. La fin m'a rappelé deux phrases que j'ai souvent entendu citer : *Celui qui cherche à se consoler est déjà consolé. Celui qui cherche à se convertir est déjà converti.* Vous indiquez par des renvois des choses qui n'existent pas encore dans votre ouvrage. (Notes sur la géométrie, livre du bi.) Vous ne reconnaissez que quatre notions élémentaires, et vous les définissez, savoir : 1° la perception (p. 30); 2° la divisibilité (p. 31 et 32); 3° le mouvement (p.33 et 34). Mais pourquoi ne pas appeler la quatrième, comme vous l'avez fait dans la première partie (*Perte et acquisition de nos perceptions*), et prendre le nom *de la réalité*, qu'on n'a pas encore vu? Je n'ai pas compris votre note sur la reproduction des êtres par A+B. Sans doute, c'est ma faute. Il me semble que les conclusions de ressemblance que vous en tirez sont peu exactes, surtout pour les ovipares, chez lesquels les sexes sont en général tellement distincts, que jamais père et fille ni mère et fils ne se ressemblent en rien. Il y a dans cette note deux fautes d'impression non relevées dans l'*Errata*.

Dans la note 46, je n'ai pas compris ceci : « Concevez que les hommes étant doués comme » ils le sont, en effet, de la faculté d'éprouver » un effet des impressions les plus légères, » n'eussent point celle (il y a *celles*) de s'en » apercevoir ; tout en irait cependant de la même » manière. »

S'ils n'avaient pas la perception de ces impressions, c'est qu'ils ne les éprouveraient réellement pas, comme le sourd qui ne s'aperçoit pas que l'on parle à côté de lui. L'hypothèse ne peut pas, il me semble, être faite ; et elle le serait, que la conséquence que vous en tirez ne serait pas encore bien certaine. J'ai peine à croire qu'une espèce de bête qui aurait ces facultés fût semblable à l'homme.

(Note 54).— « La différence observée entre les » générations passées et la présente, vient de » ce que la sphère des connaissances s'étend » aujourd'hui en espace, et, jadis, en temps » ou en durée. » Je ne comprends pas du tout cette différence. Une sphère étendue en temps a besoin d'explication pour le lecteur.

Vous prouvez que ces connaissances ne rendraient les hommes ni trop présomptueux, ni irréligieux. Je doute que vous ayez prouvé cette dernière chose ni à un vrai juif, ni à un vrai mahométan, ni à un vrai catholique, etc. J'entends par *vrai* celui qui suit sa religion dans toutes ses pratiques ; votre Dieu ne sera pas le sien : mais heureusement c'est celui de tous les hommes qui raisonnent. Le nègre le fait couleur d'ébène ; le blanc le figure à grande barbe et avec une superbe tête de sapeur. C'est assez prouver qu'il n'a ni forme ni couleur particulière. Votre ouvrage pourrait ouvrir les yeux à un athée ; mais tout dogme religieux existant le condamnerait, et on le brûlerait comme Émile si nous étions encore au temps de M. de Beaumont.

Voilà vos principes établis, mon cher Pichard; mais il me semble qu'il y manque, pour les bien suivre, des développements très-considérables. Après avoir pris connaissance de vos notions radicales, et avoir considéré dans chaque circonstance de la vie les causes qui nous sollicitent, comme les fils du réseau tendant au nœud, que nous représentons dans ce grand réseau, on désire, je trouve, encore beaucoup. N'est-il pas possible, par des applications aux objets qui nous touchent le plus, aux sensations qui sont les plus fréquentes chez l'homme, de rendre bien sensible la réalité, l'infaillibilité de votre système? Vous combattez, dans la note 54, l'incrédule qui vous dit : « Je ne suis ni bon ni méchant, ni coupable ni innocent », en lui disant que vous modifierez convenablement les causes qui le rendent tel. Cette modification consiste, suivant les usages, à brûler vif, à pendre, couper la tête, empaler, etc., etc. Vous lui dites bien comment vous modifierez; mais n'est-ce que la crainte de cette modification qui doit le retenir? Faut-il que tout homme lise les codes pour être sûr de ne pas aller au gibet? Et, surtout, le retour au bien est-il impossible? Que devra faire l'homme hésitant dans une décision importante, quand il sait que cette décision est immanquable; qu'elle est déjà dictée par les antécédents; si les antécédents ont été mauvais, la décision sera mauvaise. On ne peut jamais aller que de mal en pis. Je vous fais ces objections comme l'incrédule auquel vous faites dire : « Je ne suis ni bon ni méchant »; car je crois bien moi-même avoir une réponse prête à tout cela en rentrant dans votre système; mais je trouve que cela manque chez vous. Vous désespérez, comme Helvétius, la faible raison; vous ne combattez que pour vous, et cependant c'est à vous que la faible raison devrait demander des armes.

Je pense, en résultat, mon cher ami, que vous avez là de bons matériaux pour un ouvrage plus étendu et plus important, que votre âge vous permet d'espérer finir. C'est un but que vous devez chercher à atteindre : les premiers pas sont trop heureux.

Adieu, mon cher Pichard, pardonnez-moi toutes mes remarques et écrivez-moi, vous me ferez grand plaisir. Demain je serai chez moi. Dufour veut lire votre ouvrage : envoyez-le lui. Adieu, le courrier va partir.

Je vous embrasse de tout mon cœur.

P. Enfantin.

IIe LETTRE

A PICHARD

Romans, 20 avril 1822.

Notre correspondance n'a pas eu beaucoup de suite, mon cher camarade, et vous serez peut-être surpris d'avoir une lettre de moi. Mais j'ai à vous demander quelque chose, et je profite de cette occasion pour vous donner de mes nouvelles et savoir des vôtres.

Un de mes amis, avec lequel j'ai relu votre *Ébauche d'Essai*, et qui est digne de comprendre et apprécier de pareilles matières, désirerait bien en avoir un exemplaire, parce que, comme vous le verrez tout à l'heure, mon départ de ce pays-ci m'empêche de laisser à sa disposition celui que vous m'avez donné. J'espère que vous ne me refuserez pas ce plaisir, je vous le demande en grâce. Vous m'adresserez ceci à Paris, où je serai dans un mois et demi, et, comptant d'avance sur votre complaisance, j'abandonne le mien à mon ami. Vous adresserez ce paquet par la diligence, à MM. Robin-Grandin et Ce, pour M. P. Enfantin, à Paris. Si vous pouviez encore me communiquer quelques-unes de vos bonnes idées, vous me feriez un grand plaisir. Avez-vous quelques nouvelles feuilles? Vous savez combien j'aime votre travail; aussi ne me faites pas la peine de me traiter en indigne.

Je vous ai promis de mes nouvelles. En voici : je suis Russe depuis un an. Je suis associé d'une maison de Saint-Pétersbourg, et je suis venu en France pour y terminer le règlement de quelques intérêts à Romans, et étendre nos relations dans nos ports de France. J'ai pris cette résolution assez brusquement. Je me suis décidé à quitter ma patrie et ma famille pour courir bien loin après la fortune. Je m'endormais un peu sur le présent, en négligeant l'avenir, et mon séjour à Romans, où j'ai passé certainement les plus heureuses années de ma vie, me menait trop lentement à l'indépendance que je désire, et qu'une fortune honnête peut seule donner. Dieu veuille que je réussisse, ou, en termes plus clairs pour vous, je souhaite que les circonstances qui m'environnent me soient favorables; ou encore que parmi les forces qui me solliciteront à l'avenir, toutes celles qui seraient d'une nature nuisible à mon individu soient affaiblies ou détruites, et que celles seulement qui lui sont agréables subsistent.

J'ai trouvé à Pétersbourg dix à douze élèves de l'École. Un seul peut-être est de votre connaissance : Raucourt, ingénieur des ponts et chaussées. Vous pensez que c'est un bonheur pour nous de nous réunir. Nous avons nos soirées hebdomadaires de philosophie, et nous nous sommes donné, cet hiver, du Cabanis, du La Romiguière, Condorcet, Volney, de la physiologie, idéologie, etc. Chacun de nous fait un rapport sur un de ces ouvrages, et c'est réellement très-intéressant. L'économie politique est aussi une branche de nos études, et ce n'est pas la moins intéressante, je vous assure; à force de piocher toute cette profonde ou vague métaphysique, je trouve, mon cher ami, que le grand avantage est d'arriver à un doute raisonnable sur une foule de questions où les preuves mathématiques manquent et qui, pour cela seul, sont si diversement résolues. Les probabilités égarent bien des gens, et les *preuves* de sentiment font dire bien des enfantillages ou bêtises. C'est un rare talent que de savoir où l'affirmation et la négation n'ont pas de prises, et les trois quarts du temps, l'une est aussi folle que l'autre.

Adieu, mon cher ami. Donnez-moi de vos nouvelles à Paris, et croyez au sincère attachement de votre dévoué camarade.

P. Enfantin.

IIIe LETTRE

A PICHARD

Paris, 28 juin 1822.

Je pars dans la huitaine pour Pétersbourg, mon cher ami : c'est vous dire combien il m'est difficile de m'acquitter de la commission dont vous me chargez. Je chercherai cependant à voir un libraire; mais je n'aurais pas même le temps de recevoir sa réponse s'il lit votre *Ébauche*, qui demande encore quelques moments de loisir.

J'ai relu, pendant mon petit séjour ici, votre brochure, et j'y ai trouvé de nouveaux motifs de vous encourager à continuer votre travail. La forme que vous lui donnez maintenant (Dictionnaire) me paraît très-utile et rentre tout à fait dans votre système. La connaissance des mots est de toute importance dans des objets pareils sur lesquels, en discutant de bonne foi, tout le monde s'entendrait si l'on donnait aux mots les mêmes acceptions.

J'ai cependant quelques points sur lesquels il me semble que nous ne sommes pas d'accord, ou que je ne comprends pas. Votre note 55, par exemple, est trop forte pour moi; votre âme immortelle est au-dessus de ma portée, et c'est sur cet article-là, comme sur son voisin *(Dieu créateur intelligent)* que je vous écrivais dernièrement que je pensais devoir douter. Pour vous, vous aurez beau faire, vous n'avez que le Dieu du matérialisme, matière et mouvement; mais créer doit être incompréhensible pour vous, et des peines ou des récompenses éternelles ne peuvent pas entrer dans votre système. Ainsi, vous êtes anathématisé, excommunié, etc. Je suis bien près d'en mériter autant. La note des *Lettres persanes* que vous citez « l'auteur de la na-» ture a donné du mouvement à la matière; il » n'en a pas fallu davantage pour produire » n'est pas d'accord avec vous dans son sens réel. Peut-être en cache-t-elle un autre; mais au moins Montesquieu admet un créateur du mouvement, qui doit être autre chose que ce que vous appelez l'univers. Je sais bien qu'on peut conclure de sa phrase qu'avec la matière et le mouvement tout est produit. Mais alors à quoi bon chercher un créateur à la matière et au mouvement? Si nous le trouvions, il faudrait chercher son père. Est-ce cela que Montesquieu a voulu dire?

Vous employez souvent *malgré que* pour *quoique. Malgré que* ne se dit plus qu'ainsi : *malgré qu'il en ait.*

Vous dites quelque part qu' « il est ridicule de prétendre élever les hommes dans des circonstances différentes de celles où ils devront se trouver dans la suite. » En concluez-vous qu'il vaut mieux être élevé comme Charles IX ou comme Henri IV? Le seul de nos rois qui n'a pas été élevé comme un roi a été le meilleur.

Je vous répéterai ce que je vous ai dit déjà sur tout ce que contient la science par A + B. Tâchez d'éviter les mots qui ne sont compris que dans les études mathématiques. Je vous avais demandé, dans le temps, des explications sur cette sphère qui augmente *en durée*. Et il y a plusieurs passages de ce genre que je trouve un peu trop rudes. Quand on les a compris, ils expliquent mieux ce que vous dites; mais la peine qu'on se donne pour comprendre coupe le fil du raisonnement. Je trouve que vos notes ont le même désagrément. La plus grande partie insérée dans le texte augmenterait la clarté. Cela coupe tant les idées en pièces qu'on ne peut plus les rapporter.

Je vous remercie des détails que vous me donnez sur votre intérieur. Je vous félicite bien sincèrement de votre bonheur. Vous avez trouvé ce que je chercherai longtemps encore, pour ne le rencontrer peut-être jamais.

Adieu, mon cher ami, croyez à mon bien sincère attachement. Je passe sur les reproches que vous me faites sur mon éloignement de la France. Mais vous êtes en partie dans l'erreur : vos reproches ne me touchent pas. Qu'un Ampère, qu'un Gay-Lussac, un Thénard quittent la France pour la Russie ou le Chili, ils auront tort; mais un négociant, c'est différent. D'ailleurs, en Russie même, c'est la France qui fera ma fortune, et ce n'est que parce que je suis Français que j'y vais.

Adieu. Tout à vous.

P. Enfantin.

IVe LETTRE

A PICHARD

Hambourg, 28 août 1822.

Vous m'avez engagé à lire les ouvrages de M. Dumont, et je vous en punis, mon cher Pichard, en vous envoyant une quarantaine de pages qu'ils m'ont fait écrire. Lisez-les si vous en avez le temps. Ne les envoyez surtout qu'autant que vous les aurez lues et que vous ne les trouverez pas trop galimatias. Si vous les gardez pour le cabinet, soyez sûr que mon amour-propre d'auteur n'en sera nullement blessé. Je n'attache pas plus d'importance à cela qu'à une lettre ordinaire. Vous verrez par la lettre d'envoi pourquoi j'ai écrit. — J'ai lu avec le plus grand plaisir les ouvrages de M. Bentham, mais réellement je ne lui ai pas trouvé sa justice ordinaire dans les sophismes anarchiques. Il m'a semblé voir un homme qui, si l'on avait remplacé le mot *droit* par un dérivé de son principe adoré, l'*utilité*, n'aurait pas trouvé la déclaration si anarchique. Tous ces mots me paraissent bien à peu près semblables dans leurs effets magiques. M. Bentham, qui se flatte d'être un des remparts des pouvoirs existants, en est, je trouve, un des plus redoutables adversaires. Il éclaire plus que ceux qui jettent feu et flammes, et sa modération est plus à craindre pour les despotes que les cris d'un énergumène. Je n'ai pas le temps de vous écrire bien longuement. Je pars aujourd'hui pour Lubeck, où je m'embarque pour Pétersbourg, et je remets ce paquet à un ami. Écrivez-moi à Pétersbourg chez MM. Martin d'André et Ce.

Adieu, je suis tout à vous.

P. ENFANTIN.

V^E LETTRE

AU JOURNAL DES DÉBATS (non insérée).

Sans date.

L'article de M. Fiévée que vous avez inséré il y a quelques jours dans votre journal a fait dire aux journaux ministériels une chose qui m'engage à vous adresser un projet de loi que j'ai présenté il y a quelque temps à M. de Villèle, en reprochant à M. Fiévée de conserver pour lui seul la vérité et d'attendre pour la publier que le projet de M. de Villèle soit discuté dans les Chambres. Les journaux répètent qu'il est du devoir de tout bon Français de donner en ce moment ses idées sur cette importante loi des finances : voici les miennes ; si vous les jugez dignes de quelque intérêt, je vous prie de les insérer dans votre journal.

Le projet que je vous envoie ne traite que la question de la réduction de l'intérêt des rentes ; mais je pense que cette loi doit être entièrement distincte de celle de l'indemnité, et que, pour celle-ci d'ailleurs, tout projet par lequel on s'efforcerait de prouver que trente millions de rente ne coûteraient rien au contribuable, serait une supercherie financière, et qu'en pareille matière, la ligne droite est la meilleure. Un projet de finances ne crée pas des capitaux. Smith, Say et tous les hommes qui se sont occupés de la théorie des richesses l'ont assez démontré. Reconnaître une dette de trente millions, employer pour la servir les rentes rachetées par l'amortissement et la plus-value des impôts, c'est toujours pour le contribuable une nouvelle charge de trente millions de rente. Or, pour toutes les dettes dont le présent charge l'avenir, je crois que le meilleur mode à employer est celui de l'emprunt soumis à la concurrence des capitalistes, et puisque M. de Villèle était sûr, l'année dernière, de trouver des preneurs de cent vingt millions de rente à 4 p. %, il en trouvera bien pour trente millions cette année.

Deux objections importantes ont été élevées contre ce projet : la première a été faite par le ministre lui-même ; elle paraît dirigée contre l'inconvénient résultant de la mobilité constante de l'intérêt, ou, si la réduction de l'intérêt est considérée comme juste et utile, la question à décider serait de savoir si le devoir du gouvernement ne serait pas mieux rempli, et les droits des rentiers plus paternellement respectés par une diminution graduelle, insensible, naturelle, que par des secousses violentes plus rares, il est vrai, mais qui, précisément à cause de leur rareté, seraient plus sensibles. Quant aux rentiers (en admettant que l'État ait le droit de réduire l'intérêt qu'il leur paye), est-il possible de mettre en doute leur adhésion à une mesure qui leur donnerait continuellement par la hausse de leur capital une compensation de la baisse des intérêts?

La deuxième objection, le moment où le rentier connaîtra la quotité du dividende ne sera pas toujours celui où il pourra réaliser au cours correspondant à ce dividende. Ainsi, dans le tableau ci-joint, pendant tout le semestre pour lequel le dividende aurait été fixé à 4 5/7, la rente pourrait ne pas atteindre le cours de 110. Pour éviter ce désagrément, chaque jour la caisse d'amortissement ferait connaître l'effet résultant de ses achats, jusqu'à ce jour, sur la détermination du dividende prochain. De cette manière, le rentier n'aurait pas d'autre chance à courir que celle d'une bourse à l'autre et serait toujours sûr de réaliser le capital, au moment même où l'intérêt commencerait à lui paraître trop petit.

VIe LETTRE

A M. DE VILLÈLE

1824.

J'ose prendre la liberté de soumettre à Votre Excellence un projet qui me paraît pouvoir réparer en partie le mal fait par le rejet de la loi des rentes à la Chambre des pairs.

Je supplie Votre Excellence de vouloir bien voir dans ma démarche l'effet du désir que tout bon Français doit avoir de contribuer au bonheur de sa patrie, et j'espère que ce motif la lui fera regarder avec indulgence.

J'ai l'honneur, etc.

P. ENFANTIN.

PROJET.

Considérant qu'il est urgent de fixer la position des porteurs de rente, et par là ne pas contrarier la hausse des fonds publics par la crainte du remboursement ;

Que les rentes 5 p. °/₀ ne diffèrent en rien des rentes entre particuliers sous le rapport des remboursements ;

Que l'État ne s'est engagé à rembourser qu'au cours de cent francs ;

Que le principe d'amortissement s'oppose à ce que la caisse arrête son action, mais qu'en opérant l'acquittement partiel de la dette remboursable de l'État, elle ne doit pas le faire au-dessus de cent francs :

Article premier. — Lorsque la rente dépassera le pair, la caisse d'amortissement continuera à racheter au cours de la bourse.

Art. 2. — Le trésor royal tiendra compte à la caisse d'amortissement de la différence entre le cours moyen et le pair, semestre par semestre, aussitôt que la caisse aura dépensé le capital consacré à ses achats.

Art. 3. — Cette différence sera répartie dans le même semestre, sur la totalité des rentes mobiles, en déduction proportionnelle du dividende des rentiers de l'État (ou bien dans le semestre suivant), si l'on craignait que l'incertitude sur la quotité du dividende fût un obstacle à la confiance des rentiers.

DÉTAIL DE L'OPÉRATION.

1° Déclarer au commencement de chaque semestre la quantité de rentes mobiles ;

2° Diviser par le nombre de jours de baisse l'intérêt à 5 p. °/₀ du capital disponible de la caisse d'amortissement, par les agents de change et la commission de surveillance ;

3° Retrancher du fonds préparé par le trésor pour le payement des rentes mobiles une somme égale à la différence payée par la caisse, et mettre cette somme à la disposition de l'amortissement ;

4° Enfin, répartir cette somme sur les porteurs de rentes mobiles, en déduction de leur dividende pour le semestre prochain (dans le même semestre ou dans le semestre suivant, d'après la réduction de l'article 3 de la loi).

Par ce moyen la réduction se ferait par la seule

volonté des rentiers, puisqu'elle dépendrait de la hausse naturelle de la rente ; la puissance de l'amortissement étant augmentée tendrait également à amener la réduction de l'intérêt, puisqu'elle serait une cause de hausse ; enfin l'opération se ferait sans l'intervention des banquiers, et l'on serait certain de suivre le cours naturel des choses.

On ne peut pas objecter que le gouvernement n'ait pas le droit de réduire l'intérêt, et que sa libération comme débiteur ne puisse avoir lieu qu'en payant le capital de sa dette. En effet, dans le projet actuel, le gouvernement ne réduit l'intérêt des rentiers que lorsque le cours de la bourse est au-dessus de cent francs. Or, dans un pareil moment, l'offre que ferait le gouvernement de rembourser à cent francs, serait illusoire, puisque personne ne consentirait à recevoir cent francs d'une chose pour laquelle on aurait acheteur à cent un francs à la Bourse. La loi par laquelle l'État s'engagerait à faire un pareil remboursement ne pourrait être conçue que de cette manière.

L'État s'engage à rembourser la rente au pair toutes les fois que son cours à la Bourse sera au-dessus du pair, ce qui est absurde.

TRAVAIL DE L'AMORTISSEMENT PAR SEMESTRE ET RÉDUCTION DE L'INTÉRÊT.

FONDS D'AMORTISSEMENT.	RENTES à AMORTIR.	COURS MOYEN.	A REMBOURSER pour le trésor A LA CAISSE.	PRIX COURANT des RENTES AMORTIES.	FONDS RÉDUIT du semestre échu des rentes mobiles.	DIVIDENDE aux porteurs DES RENTES.	OBSERVATIONS.
40.000.000	2.000.000	100	0	40.000.000	70.000.000	5 0/0	
d°	d°	105	2.000.000	42.000.000	68.000.000	4 6/7 0/0	
d°	d°	110	4.000.000	44.000.000	66.000.000	4 5/7 0/0	
d°	db	115	6.000.000	46.000.000	64.000.000	4 4/7 0/0	
d°	d°	120	8.000.000	48.000.000	62.000.000	4 3/7 0/0	
d°	d°	125	10.000.000	50.000.000	60.000.000	4 2/7 0/0	
d°	d°	130	12.000.000	52.000.000	58.000.000	4 1/7 0/0	
d°	d°	135	14.000.000	54.000.000	53.000.000	4 0/0	
d°	d°	140	16.000.000	56.000.000	54.000.000	3 6/7 0/0	
Même travail en supposant le fonds d'amortissement porté à 55.000.000 par les rachats; les rentes mobiles se trouvent par conséquent réduites à la même somme de 55.000.000.							
55.000.000	2.750	100	0	55.000.000	55.000.000	5 0/0	
d°	d°	105	2.750.000	57.000.000	52.250.00.	4 3/4 0/0	
d°	d°	110	5.500.000	60.500.000	49.500.000	4 1/2 0/0	
d°	d°	115	8.250.000	63.250.000	46.750.000	4 1/2 0/0	
d°	d°	120	11.000.000	66.000.000	44.000.000	4 0/0	
Fonds d'amortissement : 80.000.000. Rentes mobiles : 30.000.000, par semestre.							
[illegible]	[illegible]	100	0	80.000.000	30.000.000	5 0/0	

M. DE VILLÈLE A ENFANTIN.

MINISTÈRE DES FINANCES

CABINET DU MINISTRE

Paris, 16 décembre 1824.

J'ai reçu, Monsieur, la lettre que vous m'avez fait l'honneur de m'écrire renfermant des observations sur les moyens de réduire les intérêts de la dette publique.

Je ne puis que vous être obligé de m'avoir communiqué vos vues sur cette importante question.

Agréez, etc.

VILLÈLE.

VIIe LETTRE

A M. LAFFITTE

1824.

Monsieur, après avoir lu attentivement vos

réflexions sur la réduction de la rente et sur le crédit de l'État, j'ai pensé comme vous qu'il était du devoir de tout bon citoyen d'émettre son avis sur cette importante question d'économie politique. Il m'a paru impossible que le gouvernement ne songeât pas à faire cesser l'incertitude dans laquelle se trouvent les porteurs de rente, et à faire une déclaration positive de principes qui permît à nos fonds publics de suivre l'impulsion qu'ils doivent nécessairement recevoir de l'abondance des capitaux de l'Europe.

Ces considérations m'engagent à vous soumettre l'idée d'un projet de loi qui me semblerait remédier en grande partie au mal causé par le rejet de la Chambre des pairs. C'est au meilleur juge, en pareille matière, que je m'adresse, c'est aussi à l'un de nos meilleurs citoyens. Votre approbation me serait donc un sûr garant que j'aurais fait quelque chose d'utile à notre chère patrie.

Voici quelle est à peu près la forme de ce projet :

Considérant que les rentes à 5 p. % ne diffèrent en rien des rentes entre particuliers sous le rapport du remboursement ;

Que l'État ne s'est engagé à rembourser qu'au cours de cent francs ;

Que les principes de l'amortissement s'opposent à ce que la caisse arrête son action, mais qu'en opérant l'acquittement partiel de la dette de l'État, elle ne doit pas le faire au-dessous de cent francs ;

Qu'il est urgent de fixer la position des porteurs de rente, et par là de ne pas contrarier le mouvement de hausse de fonds publics, signe certain de l'amélioration du crédit de l'État,

Nous avons, etc. (Le reste comme ci-dessus dans la lettre à M. de Villèle.)

Si vous jugez que ce projet soit de quelque utilité et qu'il ait besoin de développement, je m'empresserai de vous les communiquer, heureux de pouvoir ainsi me rapprocher du plus digne représentant de l'industrie française.

Recevez, etc.

P. Enfantin.

VIIIe LETTRE

DU MÊME AU MÊME

Sans date.

Monsieur, j'ai eu l'honneur de vous écrire, il y a quelques jours, une lettre contenant un projet que je prenais la liberté de vous adresser, espérant que vous voudriez bien l'examiner.

Votre silence me fait croire que vous ne l'avez pas jugé digne d'attention; dans ce cas, je vous prie de me renvoyer ma lettre comme accusé de réception.

J'ai l'honneur, etc.

P. ENFANTIN.

RÉPONSE DE M. LAFFITTE

A M. ENFANTIN

Paris, 2 décembre 1824.

M. Laffite a reçu les deux lettres que M. Enfantin lui a fait l'honneur de lui écrire ; ses nombreuses affaires l'ont empêché de répondre à la première, et il prie M. Enfantin d'en recevoir ses excuses.

M. Laffitte a lu avec le plus grand intérêt le projet de finances que M. Enfantin veut bien lui communiquer ; mais comme des sujets d'une si haute importance ne se traitent pas par correspondance, M. Laffitte serait fort aise d'en causer avec M. Enfantin, et très-reconnaissaut qu'il voulût bien se donner la peine de venir le voir ; il sera visible pour M. Enfantin tous les jours depuis dix heures jusqu'à deux heures.

M. Laffitte prie M. Enfantin d'agréer ses civilités empressées.

NOTE RÉDIGÉE AU HAVRE

EN 1824

A LA SUITE D'UNE CONVERSATION AVEC GISQUET CHEZ BRUNET

Le gouvernement demande l'autorisation de convertir les rentes 5 p. % à 75 francs, ou à rembourser au pair les rentiers actuels en négociant à de nouveaux rentiers les 3 p. % que les premiers refuseraient.

La dette perpétuelle est de 197 millions dont 57 appartiennent ou appartiendront à l'État. Le ministre demande à opérer sur les 140 millions restants, prétendant qu'il serait inutile de comprendre dans la mesure générale les 57 millions, puisque ce serait agir sur soi-même. Je remarque d'abord qu'il ne serait pas inutile aux contribuables de donner 11 1/2 millions de moins à l'État et qu'il eût été à désirer que le gouvernement trouvât moyen de supporter lui-même comme rentier le sacrifice auquel il condamne tous les autres rentiers sans exception; il agirait sur lui-même d'une manière utile pour la fortune publique en s'imposant une pareille réduction dans ses dépenses.

M. de Villèle assure que la rente serait à 110 et 115, si la loyauté du gouvernement ne l'eût porté à laisser pénétrer ses intentions. Qu'y a-t-il de loyal dans cette conduite? Quel profit le gouvernement eût-il retiré de son silence? La rente serait montée à 110, à 125 même, les acheteurs de rentes à ce prix auraient perdu, mais le gouvernement n'aurait rien gagné.

Au reste, il ne s'agit pas d'examiner la loyauté du gouvernement. Je prends acte des paroles de M. de Villèle, la rente serait montée à 110, à 115, si le projet de remboursement n'avait pas été connu. Plus loin, Son Excellence dit que les 3 p. % à 75 francs pourront s'améliorer jusqu'à ne plus porter qu'un intérêt de 3 p. % sans qu'ils soient continus dans cette voie d'amélioration par la crainte d'un nouveau remboursement ; et plus loin encore : « Vous pouvez emprunter à 4, vous devez à 5 », etc. Il suit de ces assertions :

1° Que la mesure proposée a contenu la hausse de la rente ;

2° Que le gouvernement trouvant des prêteurs à 4 p. %, le taux réel de la rente, 5 p. % peut être estimé 125 et non 110 ou 115, quoique son cours soit le pair ; car si la hausse n'avait pas été contenue, que le cours fût 110 ou 115, le gouvernement n'aurait pas trouvé des prêteurs à 4 p. % ; il eût fallu pour cela que la rente 5 p. % fût à 125.

Nous devons conclure de ceci que ce n'est pas la mesure proposée qui fera cesser la différence désastreuse entre les produits des capitaux employés dans la rente et les produits appliqués à l'agriculture, à l'industrie, au commerce, puisque, dans cette mesure, la rente serait à 125, et qu'il n'est pas juste de prétendre que cette diminution de 28 millions de rente dans la dette de l'État soit par elle-même une cause de crédit; car on devrait dire également qu'une banqueroute le considérerait parfaitement, s'il suffisait de payer moins qu'on ne doit.

Si la mesure n'avait pas lieu, le premier dommage notable qui en résulterait pour la fortune publique, d'après M. de Villèle, serait le rachat journalier des rentes, à un taux supérieur au pair, par la Caisse d'amortissement. La réduction change-t-elle quelque chose à ce dommage? Racheter 3 francs de rentes moyennant 75, n'est-ce pas la même chose qu'en acheter 5 francs pour 125?

Je suis loin de conclure qu'il faille dépouiller l'amortissement ou en suspendre l'action; les principes professés par M. de Villèle sur sa nécessité me paraissent au contraire de la plus grande vérité; son raisonnement sur le dommage qui existerait en rachetant des 5 p. °/₀ au-dessus de 100 francs, au lieu de 3 p. °/₀, à 75 francs, me paraît seulement évidemment faux.

« Il était de notre devoir de nous assurer les

» moyens d'opérer en réalité le remboursement, » s'il était réclamé, dit M. le ministre.

» La seconde limite posée par la loi est une » garantie pour les rentiers que le ministre ne » pourra négocier les 3 p. $^0/_0$ qu'ils auront re- » fusés qu'au même taux de 75 francs, » dit encore Son Excellence.

Pour quel cas les rentiers demanderaient-ils leur remboursement si les 5 $^0/_0$ sont à 100 francs? s'ils dépassent ce cours, ils vendront à la bourse et n'iront pas au remboursement. Avec l'expectative de ce remboursement, la rente ne peut pas, il est vrai, descendre au-dessous de 100 ; mais si elle était à 100 francs et que la volonté des porteurs fût d'accepter un remboursement et d'attendre que des 3 $^0/_0$ leur fussent offerts au-dessus de 75, quelles fortunes pourraient payer les différences ?

Le ministre dit qu'on n'a pas contesté la possibilité de la réduction ; il ne s'agit pas ici de possibilité, il faut certitude de réussite. Or, peut-il y avoir certitude de réussite, lorsque l'on avoue qu'il existe une fièvre de hausse? Est-il prouvé qu'il y a en France une abondance de capitaux telle qu'on en cherche avec avidité un placement à 4 p. $^0/_0$ dans les fonds publics?

non sans doute. La fièvre de hausse est une chose accidentelle dont il faut profiter suivant M. de Villèle, c'est une maladie d'opérations comme l'engouement général à l'époque des premières opérations de Law. Mais si cette maladie cessait, que deviendraient les 3 p. °/₀ négociés à 75? Je pense que MM. A., B, L. sont simplement banquiers-commissionnaires dans une opération aussi gigantesque et qu'ils ont laissé au gouvernement les chances de spéculations; mais alors cette mesure serait une monstruosité constitutionnelle.

« Le gouvernement offre le remboursement » de la plus forte masse de rentes sur laquelle » on ait jamais fait pareille opération. »

Son Excellence nous annonce un essai aussi effrayant, une expérience qui peut être si désastreuse, avec une légèreté, une confiance dans les fonds qui sont réellement surprenantes. Les Anglais réduisent leur 4 p. °/₀ à 3 1/2, mais il nous faut à nous 1 p. °/₀ pour commencer.

Le ministre puise sans doute sa confiance dans des faits qui doivent être livrés à la connaissance du public. Parmi eux, le plus important est l'accord fait avec MM. B., R., L.; mais de quelque nature qu'il soit, il ne peut pas sauver le gouvernement des dangers qui le menaceraient dans le cas où la fièvre de hausse persisterait, parce que la garantie même de ces trois noms n'est pas suffisante dans une opération aussi colossale.

Je n'ai pas parlé de l'illégalité de cette mesure, et cependant le discours même de M. de Villèle présente de bien fortes objections. Son Excellence s'exprime ainsi : « La dette perpétuelle est de 197 millions, la force des choses a marché. »

Par ce mot de perpétuelle le ministre ne prétend pas que l'amortissement prouve que la dette n'est pas perpétuelle ; cette condition du rachat quotidien condamne au contraire le remboursement au pair. En effet, la France doit 197 millions de rente perpétuelle. Cependant, pour s'acquitter d'une dette perpétuelle, elle a déterminé d'avance le mode le plus juste pour ses créanciers, le plus économique pour elle ; elle s'est condamnée à racheter jour par jour une portion des dettes au cours établi par la concurrence : voilà le seul mode convenable pour le rachat de la dette, c'est le seul qui ait été fixé.

Le ministre parle du Code : on n'y trouve nulle part un article qui puisse s'appliquer avec justice au remboursement de la dette publique. Il est impossible de comparer l'obligation contractée par l'État et celle d'un simple particulier; dans ces deux cas, les devoirs du débiteur et ses droits sont bien différents; l'amortissement en est encore la preuve : si les rentes étaient telles que l'amortissement fût employé à racheter au pair, au moyen d'un tirage quotidien et non au cours de la place, peut-être alors y aurait-il similitude; mais il n'en est pas ainsi, 30 millions ont déjà été rachetés par l'amortissement, c'est-à-dire par le débiteur. Au-dessous du pair, sans la fièvre de hausse, une plus grande portion de la dette aurait été ainsi éteinte. Le débiteur a donc pu racheter des engagements, ses engagements au-dessous du pair. Pourquoi aurait-il profité de la baisse et refuserait-il les conséquences de la hausse? Est-il débiteur privilégié?

M. de Villèle parle de la perturbation que l'on voit à la bourse. A qui est-elle due? Comment l'auteur de ces désordres peut-il les voir sans frémir sur leurs suites! Comment excuser la justice qui établit un cours forcé pour la rente, un véritable maximum, lorsque de toutes les transactions ce devrait être la plus libre! La rente serait à 110 et 115 sans la loi projetée, nous dit-on. C'est donc la loi qui la contient au pair; elle est montée à 106, avant la connaissance du projet, et redescendue à 101 ; la hausse indiquait bien que les créanciers du gouvernement ne comptaient pas sur leur remboursement. Les Quatre Canaux, qui étaient à 1,100 pendant que la rente était au pair, sont montés à 1,280. La rente restant stationnaire, les fonds napolitains ont éprouvé la même secousse ; enfin toutes les opérations de bourse ont été influencées par la mesure financière qui est présentée comme légale, il y a eu perturbation, fièvre de hausse, jeu sûr pour quelques initiés, duperie pour d'autres. Si les lois autorisent un pareil pouvoir dans les mains d'un ministre, si nous le voyons s'applaudir de pareilles opérations, gémissons sur ce que l'avenir nous prépare, il calcule bien mal.

Il est pénible de lire dans l'exposé de la loi les phrases suivantes :

« Qu'on ne s'y méprenne pas, l'amortisse-
» ment des capitaux, résultat des progrès de
» notre crédit et de l'élévation du cours de nos
» fonds, est un véritable surcroît de la richesse
» publique, un des grands éléments de pros-
» périté...... plus le nouvel effet montera (les
» 3 p. %), plus vous accroîtrez la richesse pu-
» blique en capitaux. »

M. de Villèle parle un demi-siècle après Smith ; il a donc eu le temps de lire la *Richesse des nations* et d'étudier : s'il ne l'a pas fait, tant pis pour la France ; s'il a lu ce précieux ouvrage sans le comprendre, tant pis encore pour la France; mais s'il ne l'a pas lu, qu'il profite du délicieux farniente septennal pour apprendre que le cours d'une rente ne peut pas augmenter les capitaux d'une nation, la richesse publique. Sans doute la hausse des capitaux et par conséquent la baisse de l'intérêt est d'accord avec l'accroissement des richesses, mais c'est l'accroissement des richesses qui fait la baisse de l'intérêt et la hausse de la rente. Cette distinction de cause et d'effet n'est pas une subtilité, elle peut avoir les plus grandes conséquences. N'a-t-on pas déjà dit que la guerre était une cause d'accroissement de population, que les douanes étaient les causes de la prospérité du commerce? Il serait fâcheux qu'un gouvernement crût que l'augmentation du capital de sa dette fût une cause de la richesse de ses administrés, au lieu de la considérer simplement comme un indice de cette richesse ; car alors le ministre en conclurait que, dans l'intérêt de tous, il faudrait tendre à augmenter sa dette en dépensant davantage, tandis que c'est en dépensant le moins pour être bien, c'est-à-dire peu gouvernés, que la richesse publique s'accroît le plus promptement possible ; les États-Unis en sont un exemple.

Pour juger le projet suivant les principes de l'économie politique proprement dite, c'est-à-dire sous le rapport de l'accroissement des richesses, la réduction de la dette, la banqueroute même est un déplacement, mais non pas une destruction de richesses ; aucune valeur ne disparaît, une banqueroute est un abus de pouvoir de la part du débiteur, la réduction d'une dette n'est pas autre chose : les rentiers perdent ce que gagnent les contribuables, ou, pour mieux dire, sous ce point de vue, il vaudrait mieux en général soulager le fardeau du contribuable, qui est presque toujours producteur, au détriment du rentier consommateur, presque toujours improductif. Sous le rapport matériel, la loi aurait donc un effet nul. Mais son influence morale serait très-grande : l'attente trompée, les promesses violées détruisent la confiance, font craindre des abus de pouvoir en tout genre, resserrent les capitaux et nuisent à leur emploi.

La réduction de la dette, comme je l'ai déjà dit, ne peut être la cause de l'accroissement du crédit public. Elle en est l'effet. M. de Villèle l'avoue, il veut profiter d'une circonstance passagère, de cette fièvre de hausse qu'il juge sans doute lui-même être une perturbation accidentelle. Dans cette mesure, il n'y aura pas de capitaux créés, de nouvelle richesse, le contribuable gagnera, si l'on diminue ses charges d'autant, les 28 millions que perdront les rentiers. Mais ici la perte sera plus sensible que le bénéfice, parce quelle sera moins divisée. Les capitalistes rentiers seront mécontents et le contribuable s'apercevra à peine d'un dégrèvement insensible. Combien l'effet de la loi serait plus fâcheux encore, si cette économie faite sur la dette publique aux dépens des créanciers de l'État, servait à guérir des blessures privilégiées de la révolution! De quel droit les rentiers seraient-ils contraints à fournir seuls les remèdes demandés pour une maladie incurable? Si la nation française devait récompenser des services, consoler des infortunes, étant représentée dignement et selon sa volonté, elle se les imposerait avec joie, si elle pouvait à ce prix faire oublier tous les maux de notre révolution, mais en conserver tous les fruits.

IXE LETTRE

ENFANTIN A THÉRÈSE NUGUES, SA COUSINE

Paris, 18 août 1825.

J'ai à répondre à une de tes lettres, ma chère Thérèse, et j'écris avant d'attendre le départ de Mlle Aglaé, qui vous donnera de nos nouvelles dans peu de temps, car le voyage est définitivement convenu, et je ne pense pas qu'il survienne d'obstacle. Saint-Cyr m'a mis au courant des travaux de Curson, et je vois que vous avez eu bien à faire; mais au moins vous obtenez promptement des résultats visibles, et les travaux que vous avez faits sont des travaux d'achèvement; c'est le dernier coup de peigne que reçoit Curson dans toutes ses parties. Ainsi ses clôtures bornent le jardin pour toujours; les plantations et les allées sont faites pour longtemps; le salon et la salle à manger sont ou seront bientôt complétement achevés; les chambres de l'escalier et le cabinet de Saint-Cyr sont finis; les ouvriers ne toucheront plus à ces travaux-là, c'est beaucoup. Cependant je conçois que tous ces arrangements donnent de l'embarras; mais à moins d'aimer la vie des marmottes et des taupes, et de la préférer à celle de l'homme, je ne connais pas d'embarras qui puissent tourmenter moins que ceux-là.

On a parlé souvent de l'influence des directeurs sur la conduite des femmes, et j'avoue que c'est à mes yeux une des plus belles attributions du prêtre. Mais il faut qu'outre la vocation et la prêtrise je n'ai pas reçu du ciel le don de la persuasion; car voilà bien des années au moins que je vous prêche sur le même chapitre, sans pouvoir rien obtenir. Je vais même me persuader bientôt que mes paroles ont eu un effet contraire à celui que j'attendais d'elles; du moins elles n'ont point servi visiblement à vous rendre plus contentes de vous-mêmes, puisque vous vous plaignez chaque jour davantage.

En voilà assez sur ce vilain chapitre, et, pour arriver à quelque chose de plus gai, parlons de moi. J'ai envoyé dernièrement à Saint-Cyr un projet de circulaire pour un établissement que nous devons fonder avec un de nos amis (Fabreguette). Depuis lors nous avions l'intention, d'après les conseils de M. Laffitte, d'élever cela sur une plus grande échelle et d'en faire une banque de prêt, un dépôt d'actions et de spéculations sur la valeur des actions, ou d'escompte sur les titres de crédit; mais l'examen des moyens à employer pour atteindre le but nous en a démontré quant à présent l'impossibilité; nous nous occupons donc de notre premier projet, et faisons les travaux préparatoires, c'est-à-dire la collection des matériaux propres à donner les renseignements sur les sociétés anonymes et commanditaires.

Notre journal ne paraîtra que dans le courant du mois prochain; je pense que Saint-Cyr est rassuré sur sa couleur politique; mais je voudrais que les premiers numéros parussent; il verrait mieux les moyens que nous emploierons pour répandre les principes d'économie politique dans leurs rapports avec l'organisation sociale. L'économie politique prend à nos yeux le titre de philosophie industrielle, de même que la science de la politique proprement dite est pour la physiologie sociale. Ces deux dénominations feront sentir à Saint-Cyr que nous voulons donner à ces deux sciences une base positive, pour fuir la métaphysique libérale des droits de l'homme, métaphysique qui fait trembler le pouvoir, parce qu'elle a servi d'arme pour le détrôner dans le siècle dernier. Voilà les subterfuges que nous comptons employer pour parvenir à indiquer la vérité presque toujours sous la forme de critique littéraire, scientifique ou industrielle. Nous nous sommes donné pour base de nos travaux un premier point de vue dans l'avenir; ce premier point consiste dans cette idée, que les besoins de l'homme sont compris dans trois classes distinctes, savoir: entretien physique, instruction et jouissance en harmonie avec le développement moral de l'homme; c'est avec cette lunette que nous examinerons toutes les institutions ou les ouvrages des hommes réunis en société, en indiquant que ces institutions ou ces travaux sont ou ne sont pas en rapport avec la plus grande satisfaction possible des trois besoins généraux de l'espèce, en tant qu'ils sont ou ne sont pas créés ou dirigés par les gens les plus capables dans les trois directions industrielle, scientifique et littéraire (ou des arts). Nous montrerons comment les progrès de la société sont dus à une marche ascendante vers la meilleure combinaison possible de ces trois capacités productives; nous constaterons les pas que nous faisons dans cette route, et indiquerons ceux qui nous paraîtront nécessités par la force des choses, de manière à faire sentir que nous tendons vers une époque où les choses qui intéressent le plus le bien-être de la société seront dirigées par les hommes les plus capables d'apprécier leur puissance productive. Ainsi, vous verrez dans le premier numéro du journal un article sur la grande société commanditaire de l'industrie qui constitue, entre les capitalistes et les industriels, un centre des lumières propres à éviter des travaux infructeux, c'est-à-dire mal combinés; vous verrez plus tard des articles sur le mode d'exploitation sous forme de commandite, qui facilite l'emploi le plus productif des capitaux des gens oisifs; d'autres articles sur les nouveaux moyens de communication adoptés en Angleterre (les routes en fer) qui tendent, en rapprochant les distances, à confondre les intérêts des provinces, et par suite des Etats, par un lien commun, celui de la production. Tous ces articles contiendront quelques considérations générales sur leur effet pour l'amélioration de l'avenir social, considérations qui ne seront pas tout à fait étrangères à la politique, mais qui n'y auront pas trait directement.

Enfin les articles philosophiques sur la littérature, sur les arts et les sciences seront toujours empreints, comme ceux de l'industrie, de cette idée qui sert d'épigraphe à l'ouvrage que j'ai envoyé à Emile : L'âge d'or qu'une aveugle tradition a placé jusqu'ici dans le passé est devant nous. Cette idée, qui est la base de la philosophie *ascendante* que nous adoptons, nous servira à combattre la philosophie *rétrograde* des ultras, ou la philosophie *circulaire* des immobiles, et même des libéraux qui veulent nous ramener à la république romaine ou à l'esclavage de l'ancienne Grèce. Ils croient que la civilisation suit une ligne circulaire et qu'elle présente ainsi alternativement le bien et le mal en quantité déterminée ; nous au contraire, nous pensons qu'elle suit une ligne droite, ou tortueuse si l'on veut, mais qui tend constamment vers un meilleur avenir.

Cette manière toute particulière d'examiner le *passé* permet de le coordonner pour y trouver la preuve du *présent* et en déduire les phases de l'*avenir* ; mais pour qu'on ne nous accuse pas de faire des utopies, nous nous renfermerons dans la limite dont j'ai parlé plus haut ; nous montrerons comment il arrive que la production soit toujours plus réellement dirigée par les producteurs, sans nous occuper de rechercher ce que feront ceux-ci, lorsque l'influence administrative qui sera un jour dans leurs mains sera superposée à l'influence gouvernementale qui est dans la main des oisifs ; mais il n'en sera pas moins démontré que lorsque l'administration de la production sera sociale, sera complétement dépendante de la volonté des plus habiles producteurs, quels que soient les moyens administratifs qu'ils emploieront, ils seront toujours aussi favorables que possible au bien-être de la production.

Ces deux ou trois pages de philosophie seront probablement un peu louches pour toi, ma chère Thérèse ; elles l'ont été pour le public quand Saint-Simon a publié les idées qu'elles renferment; aussi nous garderons-nous de les lui représenter, nous essayerons d'en colorer tous nos articles de manière à ce que le public même puisse d'abord s'intéresser à la forme, sans comprendre tout à fait le fond ; mais nous ferons en sorte qu'il en résulte d'abord un sentiment vague qui fasse réfléchir et qui engage à comparer notre mode de critiquer à celui qu'emploient aujourd'hui les libéraux et les ultras, les romantiques et les classiques, les spiritualistes et les matérialistes ; petit à petit nous espérons qu'en donnant au public une telle pâture et en ne lui parlant que de choses qui sont pour lui d'un intérêt direct, il sentira que nous donnons une base plus large et plus solide à ses raisonnements politiques, financiers, industriels, à ses réflexions scientifiques, à ses compositions dans les arts, que la métaphysique usée et destructive du siècle dernier. Celle-ci a fait son ouvrage ; elle a détruit, mais il faut reconstruire avec elle. Comme si une épée pouvait servir de lancette, les ultras reconstruisent avec la féodalité et la théologie ; ils bâtissent avec du sable, nous avons d'autres matériaux, nous les croyons meilleurs, et nous montrerons en effet que les choses qui sont construites avec eux sont durables et susceptibles d'une constante perfectibilité.

J'espère que, si je suis long sur le journal, cette lettre ne te causera pas d'ennuis, ne fût-ce que parce qu'elle t'occupera d'un de tes amis pendant quelques heures, et cette occupation est un remède à bien des maux ; vous vous amuserez à rire de ma philosophie dans une de vos soirées; je vous permets d'y admettre Emile; je suis curieux d'avoir son avis et celui de Saint-Cyr sur toutes ces idées; mais surtout ne prenez pas cela pour un article de journal; je le répète, cet article serait incompréhensible ou ferait dormir debout. Voyez s'il y a du bon dans le fond, sans vous occuper de la forme.

Adieu, mes bonnes amies, dites à Saint-Cyr qu'il faut qu'il m'envoie le modèle de la quittance que je dois demander à Céline ou à mon oncle pour les deux mille francs que je dois lui payer.

Dites à Louis que l'affaire de Saint-Paul n'éprouve enfin plus d'obstacles, mais que je n'ai pas encore l'homologation; je la lui enverrai aussitôt que je pourrai; il n'y a que quelques jours que le procureur du roi a consenti à faire un rapport, après avoir fait toutes les chicanes imaginables.

Rien de nouveau de Martin (de Saint-Pétersbourg) qui mangera probablement ce qu'il a encore de nous.

Achille Bégé se marie et fait un mariage superbe; il se mettra en ménage ayant à peu près un million; il épouse Mlle Lupin, fille d'un marchand de schals très-riche. Je vous écrirai quand il m'en arrivera autant, mais vous aurez de mes nouvelles avant.

Je dine aujourd'hui chez Camille.

Adieu, je vous embrasse.

P. E.

Xᴱ LETTRE

ENFANTIN A PICHARD

Paris, 23 août 1825.

Il y a bien longtemps, mon cher Pichard, que nous ne nous sommes donné signe de vie. J'espère cependant que vous recevrez de mes nouvelles avec le même plaisir que j'aurais à recevoir des vôtres. Avant de bavarder avec vous, il est bon de vous dire que cette lettre vous sera remise par un de nos compatriotes, M. Dubochet, jeune avocat, qui désire faire votre connaissance, et avec lequel vous aurez du plaisir à causer. Vous parlerez avec lui de philosophie, et il vous mettra au courant de celle que nous adoptons aujourd'hui à Paris. Je dis *nous*, en parlant de lui, de moi et de quelques autres personnes qui suivent et professent les opinions d'un homme, qui, jusqu'à présent, a passé pour un rêveur, et que vous ne connaissiez peut-être même pas de nom, mais qui, mort depuis quelques mois, commence à être mieux apprécié : de Henri Saint-Simon. Je charge M. Dubochet de vous remettre quelques ouvrages, dans lesquels vous pourrez trouver épars et souvent confus les principes de sa doctrine. Je vous les donne à juger, à méditer profondément; pour cela je vous prie de me croire d'abord un peu sur parole, pour ne pas arrêter votre opinion après une première lecture. Malgré l'habitude que vous avez de traiter de semblables matières, je pense, par expérience, que vous serez peu satisfait de la tournure bizarre sous laquelle Saint-Simon a souvent présenté ses opinions. Les formes qu'il emploie dégoûtent quelquefois d'aller jusqu'à la recherche du fond; et on l'a négligé jusqu'à présent, parce qu'on ne s'est pas efforcé de le comprendre. La doctrine saint-simonienne ou industrielle commence cependant à s'étendre et à frapper les bons esprits. On a pensé que la critique actuelle des journaux appelés organes de l'opinion publique était mal faite, parce qu'elle ne reposait pas sur une base solide ; et quelques élèves ou amis de Saint-Simon se sont réunis pour fonder un nouveau journal, nommé le *Producteur,* où toutes les questions qui intéressent réellement la société humaine seront examinées avec la lorgnette ou la loupe saint-simonienne. Je me suis mis, avec un de mes amis, O. Rodrigues (par parenthèse fort mathématicien), à la tête de ce noyau de collaborateurs, parmi lesquels figure aussi M. Dubochet. Nous avons réuni les fonds nécessaires à cette entreprise, au moyen de souscriptions parmi les principaux industriels de Paris. M. Laffitte a souscrit pour 10,000 fr. ; MM. Ternaux, Ardoin, Basterrèche et quelques autres hommes amis de la vérité ont pris aussi un intérêt dans cette affaire, à laquelle nous travaillons depuis quelques mois, et qui sera en pleine activité dans le courant du mois prochain. M. Dubochet vous donnera encore quelques détails sur cette entreprise ; mais vous n'en saisirez probablement l'importance qu'en vous pénétrant vous-même des principes que nous allons exploiter et jeter à la tête du public pensant. Lisez Saint-Simon, ne vous attachez pas, je vous le répète, à la forme ; et surtout suivez la méthode de Descartes. Dépouillez-vous un peu, pour cette étude, de quelques idées, sur lesquelles vous pourrez revenir après lecture, mais qui vous irriteraient peut-être de prime abord ! Je vous fais ici une recommandation inutile, à vous, cher philosophe, qui vous êtes garni la tête de tout ce qui a été dit et écrit de bon sur l'homme et sur la société. Mais je crois que vous trouverez là du nouveau, qu'il est souvent difficile de raccorder avec l'ancien. Je sais combien j'ai lutté moi-même pour arriver à bien comprendre Saint-Simon ; et, pour vous en donner une preuve, je n'ai qu'à vous rappeler un travail que je vous ai envoyé, et dont je n'ai pas eu de nouvelles, sur Bentham (Examen de la Déclaration des droits). Je n'avais trouvé là qu'une discussion de mots ; et Saint-Simon m'a fait reconnaître qu'elle portait réellement sur la forme. Ma réponse à Dumont était encore une discussion de mots ; et si vous la lui avez remise, il l'a jugée telle, puisqu'il n'y a pas répondu. La théorie des droits de l'homme est un produit non pas précisément de l'enfance de la science sociale, mais de l'adolescence de cette science, qui tend à devenir *positive*. — Après vous avoir ainsi parlé de notre travail commun, à M. Dubochet et à moi, il faut cependant, mon cher ami, que je vous explique pourquoi ma lettre n'est pas datée de Russie, et ce que j'ai fait depuis que je vous ai écrit, c'est-à-dire depuis près de trois ans. Après avoir beaucoup couru, je suis revenu comme vous dans mon pays. J'ai échappé au danger du pigeon de La Fontaine; et, satisfait de tout ce que j'ai vu, et du peu que j'ai *retenu*, je reviens à Paris, centre des lumières et de la civilisation continentale, pour m'y fixer définitivement. Cependant, je n'ai pas embrassé la carrière dans laquelle je veux travailler pendant le reste de ma vie. Je suis encore dans l'incertitude, faisant quelques petites affaires de bricole, sans avoir de marche fixe. Vous devez penser que le journal dont je vous ai parlé n'est pas et ne sera pas l'occupation de tous mes moments. Je veux y consacrer mes loisirs, parce que ce genre d'étude me plaît, m'amuse, mais je ne veux pas perdre le fruit de mon pénible apprentissage commercial; et j'attends l'occasion, pour la saisir par les cheveux. J'espère que cela ne tardera pas.

Vous avez sans doute entendu parler d'une grande association, à la tête de laquelle est M. Laffitte, la Société commanditaire de l'industrie. (Dubochet vous en parlera.) C'est la première application pratique de la théorie industrielle. La création de cette grande société servira à vous faire comprendre ce point de l'avenir vers lequel nous tendons et la possibilité d'y arriver. Les résultats moraux de cette belle conception industrielle sont incalculables; car son résultat immédiat est de constituer un centre d'union pour le génie et les matériaux de la production, et de former ainsi une véritable coalition pacifique constamment appliquée à combattre l'influence destructive de l'oisiveté qui gouverne les peuples. Pour m'expliquer plus clairement, vous devez sentir de quelle importance peut être pour le bien-être de l'homme, et surtout pour son éducation industrielle, l'établissement d'une société immense, dirigée par les hommes les plus capables de l'industrie française, et dont le but est d'entretenir la vie dans toutes les branches de la production. Au point où en sont venues les connaissances *économiques,* une pareille société est l'ennemie-née des guerres commerciales, de l'esprit de conquête et d'envahissement, des privilèges de tout genre, et surtout de ceux qui sont concédés par des tarifs de douanes et des lois prohibitives; elle veille à ce que la paix ne soit point troublée par l'ambition des rois et des ministres (car la guerre, c'est un élément de destruction, et non de production); elle crée un intérêt individuel, qui se rapproche beaucoup de l'intérêt général, parce que les bénéfices de cette société sont presque une moyenne des bénéfices de l'industrie sociale. Enfin, elle démontre la puissance politique du travail, lorsque ses représentants savent s'unir pour un but commun. Ce pas immense fait par l'esprit d'association caractérise le besoin de notre époque. On sait, en général, mais vaguement, que l'organisation de nos sociétés actuelles n'est pas conforme au but de l'homme, l'exploitation la plus complète du globe à son profit; et l'on cherche le moyen de constituer nos immenses ateliers, qu'on nomme nation, de la manière la plus propre à atteindre ce but. C'est ce problème que Saint-Simon a vu résolu dans l'avenir, et qu'il a posé, comme Kepler, sous forme de théorème, en laissant à ses successeurs le soin de créer le Newton de la physique sociale. C'est par l'examen le plus ingénieux, le plus sublime du passé, qu'il est arrivé à cette belle découverte. — Combattant la philosophie rétrograde des ultras et la philosophie circulaire des immobiles, ou même des libéraux, qui présentent comme type du beau l'organisation des républiques grecque et romaine, ou même la Constitution anglaise, il a positivement établi la philosophie ascendante entrevue par quelques bons esprits du siècle dernier, comme Condorcet, par exemple, et prêchée sentimentalement par Mme de Staël.

Comme tous les hommes d'un grand génie, Saint-Simon, trop en avant de son siècle, a été peu compris; les mots commodes d'utopie, de système, de théorie, ont été appliqués à tout ce qu'il appréciait : et pourtant on peut dès à présent marquer les pas actuels que la société fait, pour ainsi dire, machinalement, dans la route qu'il a explorée avant elle, et qu'il lui a tracée. Maintenant, il faut encore éclairer cette route, il faut la débarrasser intellectuellement des obstacles dont elle est semée. Telle est la tâche que Saint-Simon nous a laissée, et que nous nous efforcerons de remplir dans notre journal.

Je compte sur vous, mon cher ami, pour que votre ville, amie des lumières, puisse juger nos travaux. Je vous ferai adresser les premiers numéros, en vous priant de vous abonner à notre journal, et d'y faire abonner les personnes que vous croirez capables de s'intéresser à ces nouvelles idées. Je désirerais surtout que vos cercles prissent chacun un abonnement; et je vous prie d'user de votre influence auprès des directeurs pour l'obtenir.

Je vous avais promis du bavardage, en commençant cette lettre. En voici, j'espère, quelques pages qui peuvent compter; mais je compte assez sur votre amitié, pour être certain de l'intérêt que vous mettrez à les déchiffrer. Je vais écrire à Dufour, pour lui adresser M. Dubochet; si vous le voyez, montrez-lui ma lettre; car je n'ai pas le temps de lui écrire longuement.

Adieu, mon cher camarade, vous profiterez, j'espère, de cette circonstance pour m'écrire et me donner de vos nouvelles. Il me tarde de savoir si vous êtes père, et quels sont les changements qui ont pu survenir dans votre position. Parlez-moi philosophie, et renvoyez-moi par occasion quelques exemplaires de vos *notions radicales.* J'en avais encore un que j'ai laissé à Pétersbourg, à....., ancien élève de l'École, qui a goûté votre ouvrage. Je suis, d'ailleurs, plus à même aujourd'hui de vous rendre auprès d'un libraire le service que vous m'avez demandé, il y a trois ans ; et, si vous avez fait quelque chose de nouveau, faites-m'en part, et communiquez-le-moi en entier, si vous voulez le faire imprimer.

Adieu, je vous embrasse de tout mon cœur, et suis pour toujours votre ami.

P. ENFANTIN.

Rue du Faubourg Poissonnière, 38.

XIE LETTRE

A THÉRÈSE NUGUES

Paris, 23 septembre 1825.

Je ne veux pas laisser passer l'occasion sans vous écrire, princesse, et vous gronder des choses malhonnêtes que vous me dites dans vos lettres. Comment, moi qui vous fais à chacune plusieurs pages de philosophie, vous me faites l'affront de ne pas me comprendre ; et Thérèse qui a l'insolence de me dire qu'elle ne comprendra *jamais!* Il est vrai qu'elle ajoute entre parenthèses *je le crains bien*. Quant à Mlle Aglaé, elle fait preuve de courage; elle lit trois fois et trois fois sans être au courant.

L'entente est au diseur, dit un proverbe; c'est donc ma faute si je n'ai pas été compris; je tâcherai d'être plus clair quand notre journal paraîtra, c'est-à-dire la semaine prochaine, seselon toute apparence; nous reculons toujours, mais nous finirons par être prêts.

Je vais remettre à Camille les crayons que Mlle Aglaé demande; j'ai fait la bêtise de ne pas les joindre à une caisse que j'envoie à Bédouin et qui est partie hier, et je crains bien que Camille n'ait pas d'occasion en ce moment. Au reste je pense qu'elle a le temps d'attendre; quand on n'a pas de crayon, on prend des pinceaux.

A propos de pinceaux et peinture, vous n'avez peut-être pas bien compris, Mademoiselle (il est évident que ceci est pour Mlle Aglaé) ce que je disais de l'opinion de papa sur le tableau d'Auguste. Vous avez l'air, en effet, de me prendre pour un barbare qui ne trouve rien de bien dans Claude Lorrain et le Poussin; je n'ai pas dit cela; songez bien que dans cette petite discussion gît toute la difficulté du classique et du romantique, et que cette difficulté s'est présentée au concours de cette année. Giroux a eu le prix, parce qu'il est classique et que c'est la vieille école qui couronne, tandis qu'il n'y a pas un jeune artiste qui n'ait jugé Brascassat beaucoup plus digne. Je vous ait dit que papa était tout dérouté de ne trouver ni du Bertin, ni du Bidault, ni Claude, ni le Poussin dans le tableau d'Auguste ; c'est comme si je vous disais qu'il y a des gens qui ne conçoivent pas qu'on puisse admirer Schiller, parce qu'ils n'y voient pas les douceurs de Racine, ni la vigueur particulière de Corneille. Il y a cependant des passions dans Schiller aussi bien que des arbres dans Constable, quoique papa n'y voie que des paquets de différentes couleurs ; peut-être peut-on ajouter que les passions chez Schiller sont plus vraies, et les arbres chez Constable plus nature. On admire le talent de la composition, l'harmonie, le faire de détail, les difficultés vaincues par les classiques ; chez les romantiques, on recherche avant tout la nature, le vrai. Papa est habitué à compter toutes les feuilles chez Bidault, à distinguer une quantité de petites masses chez Bertin, à voir une nature toute pleine de palais, de colonnes dans le

Poussin, une nature qu'il n'a jamais vue et qu'il ne peut se figurer que sur la foi du Poussin et de Claude Lorrain. Vous me dites que Bidault et Bertin ne sont pas à dédaigner dans leurs études *d'après nature;* c'est justement ce qui explique ma pensée ; toutes les fois qu'ils n'ont pas eu la nature sous les yeux, ils ont composé avec les données de l'école, c'est-à-dire avec des formes et des tons de *convention.* Le romantisme veut bannir de l'art les *conventions*, les *règles*, lorsque ces conventions et ces règles l'empêchent d'être vrai. Vous saurez que Boileau a dit

Rien n'est beau que le vrai.

Quelques mauvais romantiques ont pris cela à la lettre et croient que tout ce qui est vrai est beau ; ils se trompent, et ce n'est pas de ceux-là que je parle. Mais ce principe en lui-même est la *seule règle* que je croie bonne à suivre, comme faisant exclusion de tout ce qui est forcé, guindé, mignardé, surnaturel. Une chose qui doit forcer la peinture de paysage à prendre aujourd'hui ce caractère, c'est sans contredit la perfection des décorations, du panorama et du diorama. Là, il faut être nature, puisqu'on veut faire illusion. . . . .

Vous avez senti maintenant qu'il n'y a rien d'exclusif dans ce que je dis ; je ne prétends pas que le Poussin et autres soient des gens où il n'y ait rien de bon à prendre ; mais je crois qu'on peut faire très-bien en ne marchant pas du tout sur leurs traces. Le tableau de Giroux est loin d'être un mauvais tableau, mais vous chercherez à voir celui de Brascassat et vous en direz votre avis ; ils sont complétement différents de méthode ; vous verrez laquelle vous paraîtra la meilleure. Il y a des gens qui prétendent que la discussion du romantique et des classiques est une simple discussion de mots ; pas du tout, puisque le résultat des principes de l'un est tout à fait différent du résultat des principes de l'autre.

En voilà assez pour la peinture ; je passerais volontiers à l'économie politique, mais la douleur que j'ai de ne pas avoir été compris, m'arrête. Je voudrais savoir ce que vous n'avez pas compris, je tâcherais de l'éclaircir. Tout ce que je vous ai écrit me paraissait si clair, si positif ; j'aurais cru que ma lettre vous aurait complétement fait *voir la lumière*, et je m'aperçois qu'il n'y a que la partie philosophique relative à la notusité qui ait produit de l'effet. Je m'en félicite, ma chère Thérèse ; maintenant, tu n'as plus qu'à te défaire de la réticence d'Armide; son *s'il est possible*, n'est pas digne de toi. Armide croyait combattre une divinité dont la puissance pouvait lui paraître invisible, l'*amour;* mais toi qui n'es pas païenne, tu n'as pas de Dieu à combattre, au contraire.

Tu me plaisantes sur mon désir de conversion; tu dis qu'il annonce de l'amour-propre. Tu aurais raison si ce désir n'était pas joint à l'amour de la discussion; je t'assure que j'aime autant (et peut-être plus par égoïsme) à être converti qu'à convertir. Un des moments que je me rappelle avec le plus de plaisir est un souper chez Louis, où, après avoir dit une assez jolie collection de bêtises sur l'économie politique (science sur laquelle je parlais comme un aveugle des couleurs) en présence d'Émile et de Lafosse, inspecteur des finances, ces messieurs m'engagèrent amicalement à étudier avant de parler. Je ne vois pas Lafosse sans l'en remercier, et Émile sait combien, sous ce rapport, je lui ai de nouvelles obligations.

Tu étais dans un bien bon jour en m'écrivant ta lettre, ma chère Thérèse, et je m'en réjouis, surtout si ma philosophie y a contribué. Tu m'as fait pouffer de rire avec tes réflexions sur la condition du beau sexe quand il n'est pas suivi d'un zéro; cependant il y a quelque chose qui manque de justesse mathématique, dans ton affaire, c'est la place où tu mets le zéro. Si le zéro est placé à la droite du beau sexe, il lui donne en effet de la valeur, mais s'il est à gauche, il ne sert à rien qu'à gêner dans tous les calculs, et il vaudrait mieux, beaucoup mieux qu'il n'y fût pas; eh bien, pour continuer la métaphore, il y a quelques maris qui donnent à droite, mais il y en a furieusement qui donnent à gauche. Je pense que c'est là votre avis dans votre comité féminin. Mais ces deux hypothèses dans la position du zéro sont mathématiquement encore les meilleures, car les deux chiffres sont au moins unis et c'est beaucoup. Mais figure-toi que les mathématiques nous apprennent que si la femme domine le mari, il y a confusion telle qu'on ne peut plus rien connaître dans la maison, et que tous les événements qui s'y passent sont incompréhensibles, et réciproquement que si le mari domine la femme, la traite en maître, le ménage ne vaut *rien* du tout. Si tu appelles la femme Mme A et que tu la places par rapport à M. Zéro dans cette position $\frac{A}{0}$, les mathématiques appellent cela le *symbole de l'infini*, c'est-à-dire de la chose la plus incompréhensible, la plus inexplicable ; or tu vois que dans ce cas c'est Mme A qui domine M. Zéro. Si au contraire ils sont ainsi $\frac{0}{A}$, le résultat de cette alliance est zéro lui-même, il ne vaut pas un liard.

Tu vois, ma chère amie, que sur quatre chances d'union, il n'y en a qu'une seule de bonne ; quelle loterie ! Mets-toi à genoux devant les mathématiques et M. Bardeur, de Tain, qui prouvent de si belles choses.

Quant à Eugénie, elle n'a pas eu dans cette lettre sa petite leçon de réconfortation ; je la lui préparerai pour le premier règlement de comptes de ménage qu'elle aura à faire, où elle aura dépensé 20 francs de plus qu'elle ne l'aurait voulu, et je chargerai Mlle Aglaé de lui dire que la vie n'est rien en comparaison de l'éternité, que 20 francs ne sont pas grand'chose dans le bonheur de la vie, et qu'il vaut mieux rire une journée entière d'une discussion pour 20 francs que de pleurer une minute pour elle.

Nous avons eu un orage violent (ceci entre nous) à Ménilmontant pour des domestiques, car nous en changeons comme de chemises ; il y a eu des discussions et des brouilles qui ne sont même pas finies, pour savoir si papa vivrait en ermite, de racines, ou si nous aurions des domestiques, papa disant que plus on en a et plus on a de voleurs chez soi, maman disant qu'elle n'a que le strict nécessaire. Eh bien, je vous assure qu'il y a à gémir furieusement quand on voit que des bêtises comme celles-là troublent un seul instant l'harmonie d'un ménage. A Curson, les discussions et les larmes ont quelquefois un motif plus léger encore. Il faut donc vous préparer ou à éviter la discussion, ou, ce qui vaut mieux, à la supporter comme elle le mérite. Adieu, mes chères amies (y compris le n° 3); je n'ai rien à vous apprendre sur moi. L'affaire dont je vous avais parlé reste là, et je suis toujours attendant la fortune,

Votre ami pour la vie.

P. E.

XIIe LETTRE

A PICHARD

Paris, 26 novembre 1825.

Je vous ai fait adresser par la diligence, mon

cher ami, les épreuves et les premiers cahiers du cours de Dupin. Vous me devez 22 francs, pour les premières, et 18 francs pour les autres ; en tout 40 francs, que vous pourrez me faire passer, en prenant un petit mandat chez M. Delessert ou autre. Vous me menacez de me mettre à contribution pour vous rendre service : c'est me menacer de me faire plaisir ; ainsi ne vous gênez pas. Par une erreur que je ne conçois pas, on a oublié de vous adresser le *Producteur*. Aussitôt que le huitième cahier sera distribué, je vous ferai envoyer ces huit numéros par la diligence ; et vous me donnerez le nom des personnes auxquelles nous pourrons l'adresser, en me faisant passer les fonds de la même manière que vous emploierez pour les 40 francs.

Vous avez raison de trouver difficile la tâche que nous nous sommes donnée. Aussi je vous demande une grande dose d'indulgence pour notre journal, dans les premiers mois surtout, nous en avons besoin ; car nous faisons quelque chose qui est tout à fait neuf pour le public ; et nous sommes obligés de le tâter par bien des bouts, pour savoir quelle est définitivement la forme que nous devons employer, pour lui inculquer nos doctrines. Le *Journal du Commerce*, avec lequel nous ne sommes pas toujours d'accord, nous aide cependant beaucoup. Il n'a pas réellement de doctrines fixes, bien arrêtées; mais il marche d'inspiration dans la route industrielle, en se chargeant d'une partie du matériel. Quant à la partie spirituelle, elle n'est pas systématiquement pour lui; et c'est là le fardeau qui nous reste. Mais aussi ce journal fait-il un faux pas et se laisse-t-il quelquefois entraîner à des déviations que nous cherchons à éviter. Vous avez parfaitement saisi la base morale du mode d'organisation sociale, qui nous paraît devoir s'instituer. Le travail, par conséquent, l'association, sont des moyens tellement conformes au but définitif de l'espèce, que la prédominance des travailleurs sur les oisifs me paraît inévitable. Vous savez combien le mépris d'abord, le ridicule ensuite, ont été attachés, à différentes époques de civilisation, au travail productif. Il fut un temps où l'on achetait un rhéteur au marché des esclaves; et sous la régence la rapacité des traitants justifiait presque tout le ridicule et même l'infamie dont on couvrait les classes industrielles. Sully et Colbert ont senti vaguement les vérités que nous cherchons à répandre; ils ont aperçu les bases du bien-être social, et se sont appuyés sur elles immédiatement. Turgot et Necker ont continué leur ouvrage; et la Révolution nous a affranchis depuis de toutes les entraves qui pouvaient s'opposer à l'établissement d'un système social, conforme dans toutes ses parties à l'amélioration rapide de la classe des travailleurs. Mais nous avons un écueil à éviter aujourd'hui et que la nouveauté des idées que nous voulons professer rend bien dangereux. Beaucoup de gens, en lisant Saint-Simon, et en parcourant légèrement ce que nous écrivons, se figurent, d'une part, que nous ne nous occupons que de la partie matérielle de la production, et, d'une autre part, que nous voulons faire administrer la société par des maçons, des cordonniers, etc., etc. Vous sentez combien cette manière de nous juger est ridicule; mais telle est l'influence de la direction que donnent au public certains journaux ministériels ou d'opposition, qui, cherchant à rattacher tous les événements du jour à une philosophie de sentiment, ne peuvent pas comprendre l'unité d'un système qui embrasse l'homme sous trois faces différentes, mais inséparables. Ainsi ces journaux qui représentent en détail toutes les nuances de l'opinion publique, c'est-à-dire qui parlent aux hommes du passé et aux hommes du présent, ne les entretiennent pas des hommes de l'avenir. Les uns sont les représentants de ce que nous appelons la philosophie rétrograde ; les autres sont les organes de la philosophie circulaire, tandis que nous croyons pouvoir désigner notre philosophie par l'épithète de progressive ou d'ascendante. Les ultras ne voient dans l'industrie (comme M. Dudon) que des épiciers qu'il faut mettre en tutelle ; les libéraux (et presque tous les industriels se disent libéraux), parlent bien haut de liberté et de centralisation. Ils ne s'aperçoivent pas que, lorsqu'il s'agit, non pas de parler mais de faire, ils oublient les grandes discussions de jury, de liberté de la presse, etc. Ils ne songent plus alors qu'à l'influence de telle ou telle mesure sur la tranquillité publique, sur la paix, sur l'ordre parmi les travailleurs ; ils regardent leur thermomètre, le crédit, et ils marchent souvent dans une ligne complétement différente de celle qu'ils traçaient la veille à la tribune ou dans leurs salons, comme la seule bonne à suivre. Ils parlent comme ils sentent, ils agissent comme ils votent ; et cette différence indique combien leur éducation se ressent encore des inspirations turbulentes du sabre, et de l'oisivité. Les ultras sont plus conséquents. Ils agissent comme ils sentent, parce qu'ils n'ont aucun lien matériel qui les attache à un avenir qu'ils craignent, tandis que toutes leurs affections sont pour le passé. Chez les industriels libéraux, au contraire, malgré le sentiment républicain, bonapartiste mitigé, constitutionnel, malgré tout le vague des illusions métaphysiques qui les font déraisonner, la réalité l'emporte sur la passion. La *caisse* domine le *cœur;* on calcule, quand il faut faire; on se tourmente l'imagination, quand on veut parler, et le résultat est toujours conforme à l'intérêt du travail, parce que la première affaire n'est pas de parler, mais d'agir. Les ultras et les libéraux doivent donc nous juger mal. Les uns nous regarderont avec leur lunette rétrograde; et quand nous recommanderons l'union parmi les travailleurs, ils liront : *Révolte des épiciers, des maçons, des serruriers, ayant à leur tête M. Rothschild et M. Laffitte.* Les libéraux nous diront que nous ne nous occupons pas des élections, du jury, de la presse, des lois sur la liberté individuelle, surtout de la Charte; et que nous ne voyons ainsi que de la matière dans l'industrialisme; c'est-à-dire que nous voulons simplement qu'on fasse plus de souliers, plus de chapeaux, etc. Cependant, nous nous occuperons du principe de leur action, et non des aberrations sentimentales dans lesquelles les souvenirs des sans-culottes et de la gloire militaire les plongent à leur insu. Les uns et les autres s'efforceront de ne pas voir, d'ailleurs, que notre journal n'est pas seulement le journal des épiciers, des faiseurs de souliers et de chapeaux ; mais que nous croyons aussi que les savants et les artistes sont des *producteurs*, et que la part des uns et des autres n'est pas moins importante dans la marche progressive des améliorations de l'espèce humaine que celle des industriels.

Je suis entré dans cette petite digression, mon cher ami, quoique votre lettre ne m'ait donné aucun sujet de croire que vous ayez mal jugé sous ce rapport Saint-Simon et son école. En me disant que vous entrevoyez depuis longtemps une tendance à l'établissement d'une sorte d'administration, à la tête de laquelle se trouveront placés des banquiers et les principaux industriels, je comprends bien que vous voyez la chose comme nous, et que vous considérez les fonctions des banquiers, dans une pareille administration, comme renfermées dans la formation du budget nécessaire pour les dépenses de la surveillance qui entretient l'ordre, la propreté, etc., etc., ou dans l'*examen financier* des grandes entreprises d'utilité publique. La part des savants et des artistes peut être encore assez belle dans une société ainsi organisée pour qu'on ne nous fasse pas le reproche de les négliger. S'il faut veiller à ce que la société s'enrichisse, il faut aussi s'occuper de l'instruire, et de diriger les sentiments pour qu'ils soient toujours conformes aux actions : c'est ce qui manque aujourd'hui aux industriels, comme je vous l'ai déjà dit; et c'est ce travail qui peut être le plus difficile, parce que, pour que les artistes, les littérateurs, les poëtes popularisent une doctrine, il faut qu'elle soit revêtue de l'autorité des savants, et c'est le premier pas à faire.

Cette matière est inépuisable. Mais vous me faites remarquer une difficulté qui me tourmente souvent : c'est de donner un air de variété à notre manière de traiter la question générale qui nous occupe. Cependant, Saint-Simon, en commençant ses travaux, et pendant toute leur durée, s'était proposé cette question : Quel est le problème *le plus général* à résoudre? S'il a réussi, non-seulement à découvrir quel est ce problème, mais si, de plus, il l'a résolu, il n'existe pas un seul des phénomènes que présente l'action sociale qui ne doive être éclairé par cette solution, à laquelle il faut même nécessairement remonter, si l'on veut s'en faire une juste idée. Dirigé par cette prétention, bien ambitieuse peut-être, mais sublime, Saint-Simon avait commencé par des travaux scientifiques sur le système du monde. Ces travaux, sous le rapport philosophique, ont une valeur extraordinaire. Quelques erreurs de détail et des hypothèses hasardées ont empêché qu'on ne s'arrêtât au fond. L'Institut et le Bureau des longitudes n'ont jugé que la partie pour ainsi dire matérielle, et, sous ce rapport, l'ont condamné assez justement par le silence. Mais dominé par sa première idée, modifiant la recherche du problème *le plus général* par l'idée de l'espèce humaine et des bornes de son intelligence, il était redescendu à l'examen scientifique des corps organisés; et, étendant la limite rétrécie de la physiologie des individus, il avait recherché la loi générale à laquelle était soumise la marche de l'espèce humaine. Appliquant à cette recherche la méthode expérimentale des sciences positives, il avait ordonné les faits généraux suivant une série dont il déduisait le théorème suivant : L'ordre de date dans lequel on range le passé, le présent et l'avenir est peu philosophique, pour étudier la physiologie de l'espèce. La méthode scientifique doit les classer ainsi : le passé, l'avenir, le présent. Vous comprenez cette division. La série est déterminée par l'examen historique. L'avenir définitif est le dernier terme ; le présent est un point qui ne peut être classé dans la série, c'est-à-dire apprécié suivant sa valeur philosophique, que lorsqu'on connaît la série tout entière. Vous devez sentir combien cette méthode d'observation était importante pour faire sortir la science de l'organisation sociale des ornières de la métaphysique, et lui donner le caractère positif des sciences d'observation, dont les phénomènes sont moins compliqués, il est vrai, mais qui ne doivent leurs rapides progrès qu'à l'application de cette méthode. Vous verrez dans *le Producteur* des articles de M. Auguste Comte (ancien élève de l'école) sur ce sujet. Ils sont peut-être un peu durs à digérer pour le vulgaire, mais je crois que votre esprit saura les apprécier. Vous y verrez les trois *méthodes* scientifiques employées par l'homme pour connaître, rangées dans leur ordre naturel : l'une préparatoire, l'autre transitoire, la troisième *définitive*, c'est-à-dire la méthode théologique, métaphysique et positive. Ce mot de définitif a été souvent mal compris; on nous fait une chicane avec; et, je vous en préviens, on nous reproche de l'appliquer à la science elle-même, tandis que nous l'attachons à la méthode. La chicane vient donc de ce qu'on ne prend pas la peine de nous lire; peut-être aussi de quelques phrases qui manquent de clarté, et c'est pour cela que je vous en avertis.

Voilà assez de bavardage, n'est-ce pas? J'attendais toujours, pour vous répondre, de savoir quelque chose de votre mémoire; mais je n'ai rien à vous dire. J'avais chargé un ami de Girard (l'ingénieur), de le prier d'en parler à M. Duleau, mais je n'ai pas de réponse. Je vois avec plaisir que vous n'avez pas abandonné votre travail, et j'attends avec impatience la première partie de vos essais. Je vous promets bien d'avance de ne pas me gêner pour vous en dire mon avis. Voyez d'avance, d'après ce que je vous en ai écrit dans ma première lettre et dans celle-ci, voyez par les ouvrages de Saint-Simon et par le *Producteur*, ce que nous pourrions avoir à discuter. Vous m'avez fait des objections relatives au *Nouveau*

Christianisme. Je vous avouerai que c'est un sujet où je me sens peu de dispositions à suivre Saint-Simon. Je n'envisage ce travail que sous un seul rapport; le voici : Saint-Simon veut que tous les sentiments de l'homme soient mis en jeu par l'influence des artistes, et que toutes les passions favorables à l'association soient développées, réchauffées et continuellement tendues. Il a cherché à faire la part du sentiment religieux, et à indiquer l'action correspondante qu'il fallait employer, pour faire concourir la puissance de ce sentiment à l'harmonie sociale. Convaincu que les artistes qui jouaient aujourd'hui de cet instrument (passez-moi la comparaison), en tiraient des sons discordants, il a fait leur procès. Quant à la méthode qu'on doit employer aujourd'hui pour prêcher la morale et la présenter au peuple sous une forme qui fasse un effet profond et utile sur lui, j'avoue que c'est une chose à laquelle je ne me sens pas trop les moyens de réfléchir, parce que, ne me rendant pas bien compte du sentiment religieux, tel que le peuple peut l'éprouver, je ne sais pas quelle langue il faut lui parler pour l'émouvoir dans l'intérêt de la société. Saint-Simon réduit les fonctions de la prêtrise à la prédication. Il veut que le culte ait pour résultat de faire réfléchir, d'occuper l'homme des intérêts généraux de l'espèce. Mais que diront les prédicateurs pour prêcher la philanthropie? Quel moyen faut-il employer aujourd'hui pour passionner l'homme par cette sublime religion? Lui faut-il encore des mystères, des croyances, de la foi? C'est ce que je ne voudrais pas décider. Au reste, je vous le répète, c'est une question sur laquelle je crois qu'on peut discuter sans inconvénient, quand une fois on est d'accord sur le but auquel doit concourir le sentiment religieux, comme tous les autres sentiments de l'homme.

Vous me faites un bien joli tableau du bonheur dont vous jouissez, mon ami. Je voudrais bien pouvoir profiter de l'offre que vous me faites, et aller philosopher avec vous; mais la Suisse ne me verra pas, je le crois, de longtemps. Je compte plutôt sur un voyage de vous à Paris. Je regrette de n'avoir pas reçu, à Pétersbourg, la réponse de M. Dumont. Il me traitait peut-être du haut en bas; et je le méritais bien un peu, quoique je persiste aujourd'hui à condamner, sinon le fond, du moins la forme de Bentham, dans sa critique de la déclaration des droits.

Adieu, mon cher Pichard, comptez sur mon amitié, et disposez de moi en toute circonstance;

présentez, je vous prie, à Madame, les hommages d'un de vos meilleurs amis, et embrassez pour moi vos deux petites filles.

Adieu, je vous embrasse de tout mon cœur.

P. Enfantin.

SOUSCRIPTION POLYTECHNICIENNE

EN FAVEUR DES GRECS

(Sans date.)

Les nations civilisées sont en paix, deux peuples barbares se dévorent; la politique reste sourde à leurs cris, elle abandonne aux décisions de la force le sort de plusieurs milliers d'hommes, et, spectatrice de cette guerre d'extermination, elle ne fait pas cesser le carnage.

Cette froide neutralité suffit-elle à nos cœurs? Nous souffrons à la vue d'une lutte si cruelle et si longue, mais nous pouvons hâter son dénouement; la force seule doit la terminer. Eh bien, où porterons-nous nos vœux et nos secours?

L'insolence orientale frappera-t-elle à jamais la Grèce d'immobilité? Fille de la science, la Grèce doit nous être chère ; elle nous a légué le flambeau du génie, il brille dans vos mains d'une plus vive lumière, répandez-la sur les descendants des maîtres de notre enfance; aidez-les à briser les chaînes qui attachent encore à l'ignorance asiatique la civilisation européenne.

Élèves de l'École polytechnique, nous devons figurer au premier rang des protecteurs de la Grèce; c'est un devoir que notre nom seul nous impose. Réunissons-nous pour sauver les malheureux Hellènes; ils résistent à leurs ennemis; ils les fatigueront par leur héroïque constance; et, délivrés du joug pesant dont ils ont été si longtemps accablés, ils entreront enfin dans la grande association humaine.

Depuis quelques années, un de nos anciens camarades, le colonel Fabvier, animé du plus noble dévouement, forme ce peuple courageux à la discipline et à la tactique européennes; un amiral anglais vient aujourd'hui secourir l'intrépide Canaris ; les vaisseaux de lord Cochrane croisent sur ces mers teintes du sang des victimes de Scio et de Missolonghi.

Ainsi deux nations trop longtemps ennemies,

la France et l'Angleterre, combattent pour les mêmes causes ; elles se disputent, en Grèce, les récompenses sublimes de la philanthrophie. Plus éclairés que nos pères, remplaçons les haines nationales, les luttes sanglantes du patriotisme, par une jalouse rivalité d'amour pour l'humanité.

Redoublons d'efforts et de sacrifices, et ne nous laissons pas devancer par les Anglais dans cette nouvelle carrière ouverte aux âmes généreuses.

XIIIe LETTRE

A PICHARD

Paris, 2 février 1826.

Il y a peu de jours, mon cher Pichard, que je suis de retour de Bordeaux. J'y suis resté deux mois; et c'est là que j'ai reçu votre lettre du 19 septembre. A mon arrivée, j'ai chargé Sautelet de vous adresser les cahiers de Dupin et plusieurs numéros du *Producteur* par l'entremise de Servier et de Corbot. Je crains que ce paquet n'ait tardé beaucoup à vous arriver. Sautelet attendait que quinze numéros aient paru pour vous envoyer les sept qui vous auraient manqué. Vous me parlez du mérite que vous trouvez à l'ouvrage de Dupin. Je ne l'ai pas lu; mais je suis assez de votre avis sur la nécessité de presser la marche des idées, en multipliant et rapprochant les exemples, pour en faire ressortir un principe général. Ce n'est pas ainsi qu'il faudrait agir avec des hommes forts; mais cette méthode est la seule pour le public auquel Dupin s'adresse. Lorsque Saint-Simon a étudié les mathématiques, il s'est fait donner, pendant deux ans, des leçons par un de nos premiers professeurs, en lui recommandant de ne pas se noyer dans les détails, et de ne prendre que les nœuds de votre fameuse toile d'araignée. Il se chargeait de les attacher les uns aux autres; c'était pour lui un travail de manœuvre; tandis que le génie seul pouvait construire les nœuds. Je n'ai rien appris sur la tension pelliculaire. M. Duleau est bien négligent. Je reverrai la personne qui devait faire une démarche auprès de lui.

Vous me faites des observations très-justes sur le *Producteur*, mon cher ami. Nous aurons de la peine, en suivant la méthode scientifique, à percer la croûte d'ignorance que les hommes semblent trouver plaisir à garder sur leurs têtes. Et c'est ici le cas de répéter ce que je vous disais tout à l'heure sur Dupin. Mais ce que nous voudrions obtenir, c'est de former un noyau d'hommes raisonnables, et ne craignant pas l'étude, de ces hommes qui lisent pour apprendre et non pour s'amuser. C'est un travail préparatoire, et qui, si vous le remarquez, est d'autant plus nécessaire que les découvertes de l'esprit humain sont au-dessus de la portée du vulgaire. Jésus-Christ a eu besoin de moins d'apôtres que la secte philosophique du XVIIIe siècle n'en a exigé. Le régime industriel, régime entièrement constructeur, en a bien plus besoin encore que la philosophie destructive des voltairiens. Saint-Simon avait essayé de former ce noyau ; mais il parlait un langage si *incompréhensible*, qu'il n'a pu réussir qu'auprès de ceux qui l'ont approché, et qu'il a réellement illuminés. Je me suis servi du mot *incompréhensible*, parce que, comme vous le savez, cette épithète convient pour indiquer, soit la fausseté d'une idée, soit la manière fautive et vague dont elle est rendue, soit enfin l'incapacité de l'auditeur. C'est à cette dernière cause que j'attache la presque inutilité des efforts de Saint-Simon pour répandre sa doctrine chez les savants.

Aujourd'hui, le travail scientifique est bien loin d'être terminé; et, avant de parler au public et de connaître même le meilleur moyen de démonstration ou de persuasion, il faut que les savants, ou du moins plusieurs savants recommandables, s'occupent des idées saint-simoniennes. Benjamin Constant a voulu s'y frotter, et je m'en réjouissais; mais il nous a laissés là dédaigneusement, parce que la discussion lui paraissait au-dessous de lui. Mais réellement je ne peux pas admettre cette dernière raison ; car elle ne ferait pas excuser le procédé d'un homme qui juge un adversaire digne d'être attaqué, et qui s'enfuit lorsqu'on lui oppose de la résistance. Jusqu'à présent, mon ami, vous aurez, je pense, remarqué que cè qui distingue particulièrement notre journal, c'est la manière dont nous en déduisons l'avenir. La méthode des séries, étant le point capital de la doctrine positive, nous donne, je le vois, le moyen d'arriver à quelque chose de neuf, en suivant cette direction. Mais, pour répondre à votre désir, et faire une percée dans le présent, en donnant les idées sous la forme d'application facile, c'est un sujet sur lequel il faut furieusement piocher, et qui exige la prodigieuse adresse d'un nouveau Voltaire. Notre siècle n'en a pas encore, mais il en faut un absolument, et, par conséquent, il viendra. Il est difficile, en parlant par apologue, d'être agréable et d'instruire ; on est plus aisément niais et ennuyeux. Nous sommes bien ennuyeux tels que nous sommes ; mais au moins les gens qui étudient trouveront quelque chose chez nous. Vous avez maintenant toutes nos données, mon cher ami, vous devez nous épauler un peu en nous adressant, sous la forme qui vous plaira, quelques bonnes choses pour notre doctrine. Vous avez déjà fait assez de réflexions sur tout ceci pour avoir une quantité de matériaux prêts. Il faut que l'École polytechnique soit le canal par lequel ces idées se répandront dans la société; c'est le lait que nous avons sucé à notre chère école qui doit nourrir les générations à venir. Nous y avons appris la langue positive et les méthodes de recherche et de démonstration qui doivent aujourd'hui faire marcher la science politique, c'est-à-dire la philosophie générale, la physique sociale, la physiologie sociale, car tous ces mots conviennent à la science de l'homme considéré comme membre de la grande société.

M. Gindroz a la bonté de se souvenir de moi; faites-lui, je vous prie, mes compliments, je dirais presque mes amitiés; car les hommes qui aiment la science sont tous étroitement unis. Je suis enchanté que mes lettres aient pu faire à M. Gindroz quelque plaisir, et que vous causiez quelquefois avec un homme comme lui de toutes les idées qui nous occupent.

Adieu, mon cher ami; je suis tout à vous et vous embrasse de tout mon cœur.

P. E.

XIVE LETTRE

A PICHARD

Paris, 6 mars 1826.

Vous êtes donc un ennemi déclaré des doctrines du *Producteur*, mon cher ami; vous me faites un compliment de condoléance plein d'hérésies, qui sont d'une telle force qu'elles ont l'air d'épigrammes.

§ 1er. — Vous critiquez Mme Guizot, il est vrai, en plaisantant, parce qu'elle a dit une jolie phrase, qui signifie : *L'homme est un animal sociable;* ce que vous ne contestez pas cependant. Le fait est là pour prouver cette idée théorique, et Mme Guizot aura raison, jusqu'à ce qu'on prouve que l'homme n'est pas un être susceptible d'être affecté de sentiments généreux et de s'occuper de ses semblables.

§ 2. — « Laissons couler l'eau; les organes » intellectuels de la société ne comprennent que » les discussions relatives à des intérêts maté- » riels. » — La société est précisément ce qu'elle doit être quand elle approche du moment où apparaît une doctrine sociale nouvelle. En ce moment, non-seulement on ne comprend pas cette nouvelle doctrine, mais on n'en comprend aucune, ou du moins aucune de celles qu'on connaît ne satisfait. Ce n'est pas une raison pour se taire, quand on croit avoir découvert cette nouvelle doctrine à laquelle, tôt ou tard, l'humanité doit se rallier.

§ 3. — « C'est beaucoup de gagné en faveur

» des principes que de les chercher dans l'ob- » servation des faits plutôt que dans le vaste » champ de l'imagination ; » et après : « La science » des faits est à la mode aujourd'hui. » — La science des faits est une bonne chose, sans doute; mais la science qui lie les faits vaut encore mieux. La science des faits est la science des hommes à cellections, et c'est peu de chose. Malheureusement c'est, comme vous le dites, la science de l'époque. Mais, comme vous le dites aussi, on recherche les principes dans l'observation des faits. C'est aux hommes qui font une pareille recherche que le *Producteur* s'adresse, parce que ces hommes sentent autre chose que des intérêts matériels. Ils sont peu nombreux, mais ce n'est pas une raison pour laisser couler l'eau.

§ 4. — « Nous ne recueillerons pas nous- » mêmes le fruit de nos travaux. » — De quel fruit parlez-vous? La reconnaissance publique, l'estime, la considération, attachées à d'utiles travaux? Tout cela est sans doute d'un très-grand prix, et vous savez qu'Helvétius ne trouvait pas d'autre mobile aux plus généreux travaux ; par conséquent, tout était pour lui de l'*intérêt bien entendu.* Mais qu'aurait-il dit à un homme peu croyant aux douceurs du paradis, et qui, certain, ou du moins presque certain d'être regardé par le public comme un rêveur, et de n'avoir en aucune façon cette gloire contemporaine dont vous parlez, jouirait assez du bonheur de proclamer ce qu'il croirait être la vérité, de s'en démontrer à lui-même toute la puissance, pour voguer à force de rames sur cette eau que vous voulez laisser couler? Il l'appellerait un fou, ou tout au moins un mauvais raisonneur ; et il ne se tromperait pas, sous un rapport : c'est que dans un pareil acte on *sent* plus qu'on ne *raisonne*. Mais, mon cher ami, l'homme est aussi bien fait pour sentir que pour raisonner. Je sais comme vous que les éléments qui composent l'être qui vous écrit, dans cent ans seront insensibles au bruit de la gloire. Je ne travaille donc pas pour le bien-être futur de l'azote, de l'hydrogène et de l'oxygène, qui pourront avoir contribué à former le défunt Prosper Enfantin, et cependant je m'occupe de l'avenir, je le *sens*. Je me passionne pour lui, je ne dirai pas comme une bête, au contraire, comme un homme, car je crois que c'est ce qui nous distingue le plus de la bête. Vous reconnaissez, il est vrai, que mes travaux peuvent flatter mon imagination ; mais vous m'engagez à être moins impatient d'en voir les effets. Cependant il m'est impossible de séparer ce sentiment que j'ai d'être utile aux hommes de l'avenir, du désir de les faire jouir plutôt de cette utilité. C'est vous dire que ma satisfaction ne serait pas aussi complète, si je me bornais, comme vous le dites, au *perfectionnement de moi-même*. Croyons-en Mme Guizot, mon cher: l'homme n'est jamais isolé sur cette terre. Sa mission, puisque mission il y a, ne peut pas être de limiter son activité dans le cercle étroit de l'individualisme. L'on est d'autant plus grand, au contraire, qu'on sait étendre la sphère des affections humaines.

§ 5. — Votre projet d'histoire des sociétés est bien le nôtre. Toutefois l'avantage que vous y voyez est de démontrer que c'est *la foule* qui donne la puissance aux hommes qui l'oppriment; c'est-à-dire de démontrer la *souveraineté du peuple*. Cet ouvrage est déjà fait assez proprement par Rousseau et autres habiles faiseurs du siècle dernier; mais qu'en résulte-t-il? Que la foule ôte le pouvoir et guillotine ses oppresseurs; c'est ce qui est très-juste, sans contredit; mais cela n'indique aucun moyen de constituer la société de telle manière que la foule soit contente des directions qu'elle se donne. En se bornant à établir la souveraineté du peuple, on fait la critique du passé et même du présent ; mais on n'a rien préparé pour l'avenir ; tandis que c'est là ce que nous regardons comme le résultat le plus avantageux de l'histoire naturelle de l'espèce ; vous en jugerez par le paragraphe suivant.

§ 6. — Celui-ci est le plus fort, mon cher Pichard, et réellement il m'a prouvé que vous aviez raison de dire que nous serions compris bien tardivement. Comment, vous qui avez l'esprit si juste, qui avez lu avec attention et intérêt le *Producteur*, pouvez-vous prendre ainsi la défense des oisifs contre les travailleurs : « Un » banquier audacieux n'a rien, il trouve des » commanditaires *qui lui confient des fonds,* » *ou des prêteurs qui les lui abandonnent en* » *compte courant.* » — Il se donne de la peine, pour les faire valoir, tandis que le prêteur va au bal, au spectacle, ou à la chasse et au jeu. Ce dernier se perfectionne peut-être lui-même ; mais ce qu'il y a de certain, c'est qu'il ne contribue en rien au perfectionnement social. Les travaux de l'autre, au contraire, enrichissent la société, puisqu'ils facilitent le passage des capitaux des mains oisives dans des mains laborieuses, par l'escompte, par les changes, et enfin par toutes les opérations qui tendent à réduire le taux de l'intérêt, c'est-à-dire (remarquez ceci) à diminuer la rente que les travailleurs font aux oisifs. La charlatanerie n'est pas chez le banquier qui dit à l'oisif : Reposez-vous ; donnez-moi vos fonds, et je payerai vos plaisirs et ceux de vos enfants à perpétuité. Je m'engage à entretenir noblement et à tout jamais les descendants de votre race. Elle est, au contraire, chez l'oisif qui dit au banquier : Vous êtes bien heureux que je vous permette de travailler sur cette terre, dans cet atelier; de faire du blé, du pain, des habits. Mais je suis bon; travaillez, et je vous enverrai le compte de mon tailleur, du restaurateur ; vous serez trop content de les payer ; et vos fils vous remercieront d'avance d'avoir contracté pour eux une dette qu'ils rempliront avec reconnaissance envers mes nobles rejetons. Mais les banquiers résistent, ils disent aux oisifs : Nous vous donnions autrefois les sueurs du travailleur, sa vie était dans vos mains. Avant le christianisme, vous prêtiez à 25 et 30 p. °/₀ en Grèce, à Rome ; et aujourd'hui même encore vous recevez cet intérêt énorme dans les colonies où règne l'esclavage et dans le midi de la Russie ;

c'est une duperie de la part des producteurs. En effet, c'est par eux que vous vivez. Il doit bien leur être permis de regarder s'ils ne vous font pas la part un peu trop forte ; car ce serait un véritable charlatanisme que de faire croire qu'il existe deux races d'hommes, l'une faite pour travailler, et l'autre pour consommer les fruits du travail de la première. La seule différence que nous reconnaissons entre les hommes, c'est que les uns peuvent produire plus que les autres. Mais tous (excepté les enfants et les vieillards) peuvent produire. Et, comme la société tend à se perfectionner, elle marche vers le moment où elle emploiera toutes ses forces productives. Il n'est donc pas conforme à cette marche progressive de continuer à entretenir dans l'oisiveté tant d'hommes, jeunes, forts, vigoureux, très-actifs pour le plaisir et qui le seraient pour la production. Il suffit d'entretenir les vieillards qui ont fait leur temps, les producteurs émérites ; et ceux-là nous les entretiendrons parfaitement par de belles et bonnes rentes proportionnées à l'importance de leurs travaux passés. Voilà, mon cher, comment ces audacieux charlatans parleront, à une époque où les *facultés personnelles*, dont vous paraissez faire peu de cas dans votre exemple, et que vous estimez au plus à l'égal des écus, seront les seuls titres au partage des bénéfices d'une entreprise. Que si les oisifs mécontents de la résistance des banquiers reprenaient, comme vous le dites, leur indépendance et faisaient leurs affaires eux-mêmes, ce serait pour le mieux ; ils travailleraient, et c'est ce que nous désirons, aussi bien que les banquiers ; car les bénéfices que font ceux-ci sont d'autant plus grands qu'on travaille davantage. Que diriez-vous si les hommes qui vous confient leurs fonds pour faire vos rentes vous demandaient votre budget pour savoir si vous avez des fonds à vous? Malheureusement, c'est vous aujourd'hui qui êtes l'obligé ; la capacité est aux ordres des capitaux ; la science est encore esclave de l'oisiveté.

En voilà long sur votre lettre, mon cher ami. Vous direz si j'ai raison dans mes réponses détaillées; mais, pour Dieu, mettez-vous au point de vue des travailleurs d'abord, et ensuite, débarrassez-vous de toute idée critique contre les résultantes des forces sociales, autrement dit les gouvernements. Cherchez quelles sont les résultantes des forces sociales pour l'avenir, en étudiant les séries du passé : vous verrez croître constamment l'influence politique des producteurs et décroître, au contraire, celle des non-producteurs, en appelant, comme nous, producteurs, les savants, les artistes, les industriels, c'est-à-dire les hommes qui enseignent ou perfectionnent les idées, qui inspirent et développent les sentiments, et qui transportent ou transforment la matière. Nous aurons toujours des résultantes de forces par lesquelles on pourra juger l'impulsion sociale ; et, pour parler sans figure, la société aura toujours des hommes qui la dirigeront. L'important est d'abord de savoir vers quel but elle est entraînée, et son passé nous l'indique, et ensuite de résoudre ce problème d'après la nature du but. Quels sont les hommes qui peuvent le mieux concevoir les moyens d'y conduire la société? La réponse sera facile si le premier travail est bien fait.

Nous n'avons rien arrêté sur nos travaux futurs. Nous nous sommes occupés d'un résumé de la doctrine saint-simonienne, résumé qui terminera le *Producteur*. Je vous tiendrai au courant de ce que nous ferons par la suite.

Sautelet rejette la faute sur votre commissionnaire; vous ne tarderez pas, j'espère, à recevoir ce qui vous manque.

Vous me dites de vous *passer vos conseils.*

Je devrais vous faire une longue réponse au paragraphe où ces mots se trouvent. Comment, diable, voulez-vous que je ne vous passe pas tout ce qui prouve l'intérêt que vous me portez? Au reste j'ai tort : je ne vous passe pas votre exemple du banquier. C'est abominable de votre part, vous vous êtes collé comme un *topin* de l'école; vous avez donné dans le préjugé du *Constitutionnel,* et il ne vous manquait que de mettre Rothschild au lieu du mot banquier, pour être un digne adversaire du 3 p. %; vous en reviendrez, mon cher; pour cela il faudrait vous pouvoir tenir tête-à-tête devant un petit feu et discuter quelques soirées. Voilà où ce que vous appelez le besoin du public est mauvais. Si vous n'aviez pas des ponts et des routes à faire, nous nous perfectionnerions peut-être nous-mêmes en nous battant, *non unguibus, sed rostro.*

Vous ne me dites pas un mot de votre famille; vous avez pensé qu'un esprit spéculatif, qui se plaît à rêver des intérêts généraux, ne prenait pas grand goût à écouter les enfantillages de l'amour paternel et des affections matrimoniales. Vous avez tort : ce que j'aime à savoir de mes amis, c'est s'ils sont heureux et bien portants; on ne peut pas bien philosopher sans cela; vous en jugerez par ma lettre. J'ai été malade pendant plus de trois mois. Une inflammation d'entrailles m'a beaucoup maigri, et j'ai bien de la peine à remettre mon estomac. Le *Producteur* n'y a pas peu contribué ; voilà matériellement tout ce que j'y ai gagné.

Adieu, mon cher ami ; vous voyez par la longueur de ma lettre que je suis tout à vous.

P. E.

XVe LETTRE

A THÉRÈSE

Paris, 10 mai 1826.

Je crois que je vous ai fait la mauvaise plaisanterie, dans ma dernière lettre, de vous dire que vous faisiez sans doute un journal, le *Producteur*, puisque vous ne m'écriviez plus. Aurai-je eu raison ? Thérèse fait peut-être, comme M. Comte, des articles sur le pouvoir spirituel, et Eugénie écrit, comme M. Enfantin, sur l'économie domestique et sur l'agriculture appliquée aux raves, carottes, etc. Bedoin, quoiqu'il fasse probablement des articles de physiologie, trouve cependant le temps de me donner des commissions assez ennuyeuses, que je me permets, il est vrai, de ne pas faire. Mais pourquoi ne m'envoyez-vous pas au moins vos productions? Plus expansif qu'Émile, je vous en dirais mon avis, et je vous ferais des critiques sévères.

Je sais que vous avez eu des ennuis, mes chères amies; la perte que la famille Brenier a faite a dû vous être très-sensible, surtout à Eugénie; Thérèse, de son côté, a fait un voyage, et je comprends que vous, qui êtes ordinairement absorbées par le plus petit accident qui trouble votre tranquillité, n'ayez pas pu être réellement à vous pendant le mois dernier. Mais aujourd'hui, j'en appelle au calme profond dans lequel vous êtes; pas de Saint-Cyr qui fasse la grimace, pas de Prosper qui grogne et dise des duretés, pas de petites tracasseries féminines, puisque vous êtes entièrement maîtresses au logis; enfin pas de voyageur incommode qui puisse vous faire perdre la tête; combien de temps vous pouvez donner à la lecture et au repos, et par conséquent à écrire à vos amis! Ne serais-je plus sur la liste! Toutes vos pensées seraient-elles pour ce brave Alphonse (Mayr de Baldeg); par exemple, je suis bien aise que vous vous en occupiez utilement pour lui, et tout ce que m'a appris Saint-Cyr à ce sujet me fait grand plaisir; mais ce n'est pas une raison suffisante pour ne pas me parler même de vos projets sur ce bon garçon.

Il paraît que ma dernière lettre, qui était autant pour Émile que pour vous, n'a pu réveiller ce vilain garçon de son engourdissement. Je sais bien que les châteaux du Dauphiné, et particulièrement, je crois, celui de Saint-Jean, n'ont pas d'écritoire et de plume; mais Émile n'a probablement pas tout à fait perdu l'habitude de noircir du papier.

J'ai décidément pris une occupation au moins pour deux ans, je me suis laissé nommer liquidateur de la maison Chaptal fils, 6,000 francs d'appointement par an : voilà la partie MORALE de l'affaire; ensuite j'ai été bien aise d'être porté là par les créanciers, et particulièrement par MM. Laffitte, Périer, Bodin et quelques autres qui me connaissent, parce que les relations avec la famille Chaptal et les services que je lui ai déjà rendus font que l'acte de confiance des créanciers, en me chargeant de cette affaire, est d'autant plus honorable pour moi. Le bureau sera chez moi; vous vous rappelez que nous avions sous-loué à la maison une partie du logement, je le prendrai, et cela sera très-commode pour moi.

Je suis, comme vous devez le croire, plus occupé que jamais. Le *Producteur* d'une part et Chaptal de l'autre prennent tout mon temps; aussi n'aurez-vous pas cette fois une lettre aussi longue qu'à l'ordinaire. Si vous aviez comme moi de bonnes raisons, je ne vous dirais rien. Je ne fais plus une seule visite, je n'ai pas vu Caroline depuis quinze jours; je vois Saint-Cyr tous les huit jours à peine, mais je n'ai pu obtenir de lui qu'il m'écrive lorsqu'il dîne chez lui, ce qui fait que j'y vais moins souvent. Nous sommes d'ailleurs occupés toute la matinée l'un et l'autre, lui chez la maréchale, moi chez Chaptal ou chez moi; et d'ailleurs ce brave Saint-Cyr n'est pas, je crois, content de moi depuis le *Producteur;* nous n'en discutons cependant pas; mais précisément ce silence qu'il s'impose est une gêne pour lui. Nous nous occupons si peu des militaires dans notre affaire, ou du moins, nous les considérons si peu quant à leur utilité future, que Saint-Cyr ne se défend pas, je le crains, du mécontentement qu'on éprouve en voyant attaquer la chose à laquelle on appartient. Certes, si nous nous occupions de faire la part de blâme et d'éloge des individus et non des masses, Saint-Cyr ne serait pas maltraité, il s'en faut de beaucoup, mais ce n'est pas là notre affaire.

Au reste, Saint-Cyr a été un peu froissé; il a dû vous écrire, et vous auriez dû m'en prévenir; je suis certain qu'il vous a parlé de moi, qu'a-t-il dit?

Adieu, mes chères amies, je vous quitte et ne vous écrirai plus, si je ne reçois pas de lettre de vous ; non, je ne vous écrirai plus, cela n'est pas une plaisanterie, je ne vous écrirai plus ; mais je prendrai la diligence pour aller vous embrasser et vous montrer que je suis toujours votre meilleur ami.

P. E.

XVIᴱ LETTRE

A PICHARD

Paris, 10 août 1826.

Je suis resté bien longtemps sans vous écrire, mon cher Pichard, parce que j'ai eu réellement beaucoup à faire depuis quelque temps. Vous vous serez aperçu, par le *Producteur*, que je ne reste pas les bras croisés. Outre cela, je me suis chargé de la liquidation de la maison Chaptal fils, et cela m'occupe souvent plus que je ne le voudrais. J'ai tancé vigoureusement Sautelet, et je suis persuadé que vous avez maintenant les leçons de Dupin. Nous avons eu nous-même à nous plaindre de la négligence de ce libraire, et nous en avons changé pour le *Producteur*. Quant à M. Ampère, j'ai remis une note à deux personnes qui le voient et qui le presseront pour votre affaire, mais il a besoin d'être talonné. C'est un musard par excellence. J'espère que plus nous avancerons, plus nous serons intelligibles. Il y a deux raisons très-bonnes pour cela :

c'est que nous ferons peu à peu notre éducation et celle de nos lecteurs.

Je crois que vous m'avez fait une petite querelle qui n'est pas fondée. En parlant d'un ouvrage de C. Comte sur le canal, dans le vingt-cinquième numéro du *Producteur*, j'ai cité ce qu'il dit des ponts et chaussées, et j'ai ajouté : « En retranchant de cette critique l'aigreur sati- » rique qui peut faire croire que M. Comte re- » pousse comme un mal constant *toute direc-* » *tion d'ensemble vers un but commun*, » c'est-à-dire vers l'intérêt général, opinion que » nous serions très-éloignés de partager, etc. » Vous voyez que la direction, éclairée d'un corps savant, nous paraît indispensable pour que les travaux de détail aient un caractère d'ensemble. Quant à votre idée sur les ingénieurs en général, je crois que vous ne faites pas assez d'attention aux observations suivantes, que je vous soumets comme à un juge très-compétent.

Vous me dites qu'en Angleterre les ouvrages dont l'exécution se reproduit fréquemment, et à peu près sur le même modèle, sont très-bien faits. Ce sont ces ouvrages qui représentent réellement dans l'industrie le métier d'ingénieur. L'ingénieur proprement dit est un *applicateur* de la science; mais il ne la perfectionne pas, du moins telle est la tendance que la division du travail exige. La question de la théorie et de la pratique correspond à la division de perfectionnement d'une part, et enseignement ou application de l'autre. Ainsi, l'ingénieur proprement dit doit en savoir assez pour faire un projet qui rentre dans les règles ordinaires; mais, dès qu'il s'agit d'un perfectionnement scientifique tout neuf, pour l'application, l'ingénieur doit être dirigé par le savant. Ce sont deux grandes directions qui partageront chaque jour, de mieux en mieux, le travail intellectuel pour en faire la plus utile division. Mais cette division de travail ne devra pas se séparer de l'idée de combiner les efforts, et, sous ce rapport, le lien à établir entre la science perfectionnante et la science appliquante sera probablement un jour encore mieux entendu qu'il ne l'est aujourd'hui. Je n'entre pas dans le détail de cette question, qui est immense, puisqu'elle se rattache à la constitution du corps savant, le plus grand problème d'organisation pour l'avenir où la science jouera un si beau rôle.

Vous dites qu'on ne trouvera des hommes qui travailleront la moitié de leur vie à étudier les règles de l'art qu'en leur promettant un sort assuré. Je crois que vous avez raison, lorsqu'on applique cette règle aux savants qui perfectionnent, mais non à ceux qui pratiquent. Cela tient toujours à cette division en deux classes, que nos habitudes d'ingénieurs polytechniciens nous empêchent de voir. Mais croyez-vous très-utile qu'il y ait un corps d'ingénieurs-architectes, un corps de médecins-praticiens rétribués par l'État? Non, sans doute. Que les théoriciens spéculateurs, les savants philosophes, les physiologistes disséquant, anatomisant, soient indépendants des caprices de leurs pratiques, c'est très-juste; mais cette règle ne doit pas s'étendre plus loin qu'eux.

Adieu, mon ami. Je ne vous écris pas plus longuement aujourd'hui. Le *Producteur* me talonne. Un de nos collaborateurs a perdu sa mère il y a deux jours; un autre est malade; un troisième en voyage. Le fardeau est lourd à porter.

Adieu, je suis tout à vous. Mes compliments à M. Gindros.

P. E.

RODRIGUES A ENFANTIN

Amsterdam, 18 août 1826.

Mon cher frère en Saint-Simon,

Ne m'en voulez pas, si ma lettre ne vous porte point d'article. Ce n'est pas faute d'y penser, et même d'y avoir travaillé ; mais le voyage m'a engourdi, et je ne puis sortir de quatre mauvaises pages, que j'essaye depuis trois jours, d'au moins huit autres, plus quelques citations, pour achever une feuille d'impression. Le *Producteur* m'inquiète et me poursuit. Je voudrais n'être pas cause de son retard, mais je crains d'autres causes que la mienne encore. Écrivez-moi ; donnez-moi le bulletin de sa santé.

Le décret du roi des Pays-Bas, pour Rubens, doit être mentionné dans notre journal; c'est l'occasion de proposer la statue colossale de Christophe Colomb. Voyez M. Sainti ; il nous donnera peut-être quelques belles pages à ce sujet. Il serait peut-être aussi convenable de proposer l'affaire à M. Laffitte. J'ai vu M. Osy, d'Anvers, qui est bien certain que la souscription pour Rubens sera bien vite remplie, et en grande partie par les industriels. Voyez également pa Vital Roux, et même par M. Flachat, si l'on ne peut pas faire un article sur le canal maritime. J'ai su que Larreguy devait en parler dans le *Commerce*.

Vous n'oubliez pas sans doute que le *Producteur* doit tenir, à l'occasion de M. Montlosier et des jésuites, un langage qui le place au-dessus du *Globe* et du *Journal du Commerce*, dont la conduite a été remarquée comme habile et conséquente par M. de l'Étoile.

Donnez-moi donc des nouvelles de Rouen. Vous voulez donc endoctriner mon père en le faisant dîner aux Mercredis ; au surplus, il a un grand plaisir de marquer ma place au milieu de la sainte confrérie dans mon absence.

M. Dufau, l'article sur LES FEMMES, M. Sainti, l'article sur MARCHANGY, écrivez-leur quelques lettres.

Mes amitiés individuelles à chaque associé. Dites à ce bon physiologiste que les canaux d'Amsterdam puent, il est vrai, mais que la quantité d'arbres dont ils sont garnis diminue bien singulièrement les inconvénients, et que la ville, en somme, est très-saine.

Ayez la complaisance de presser Mirès pour la régularisation des livres chez Bossange. On a dû vous remettre ma note à ce sujet.

L'affaire pour laquelle je suis ici ne prend pas encore une tournure décidée, mais cela ne peut tarder, et j'espère être de retour à Paris dans trois semaines au plus. Dès que j'aurai fini mon article, je vous l'enverrai et vous en ferez ce que vous pourrez. Je suis un peu embarrassé à propos du troisième cahier du *Catéchisme*. Je ne puis me dispenser d'indiquer en peu de mots notre jugement au sujet de la direction plus scientifique que philosophique du travail; vous verrez.

L'occasion des jésuites de Montlosier, du *Commerce* et du *Globe* est bonne pour en finir avec le libéralisme. Si Rouen peut travailler, il y a matière pour son énergie. Ah! mon cher, quelle besogne que la nôtre! quel poids, non pas qu'une doctrine, mais qu'un journal de doctrine!

Votre dévoué,

O. Rodrigues.

P. S. N'oubliez pas M. Clapeyron. Vous aurez un fumeur de plus à mon retour; le pot de bière, la longue pipe ou le cigare sont les compagnons du voyage.

O. R.

XVIIE LETTRE

A PICHARD

Paris, 21 avril 1827.

C'est à mon tour, mon cher Pichard, à m'excuser de mon long silence, et je suis moins pardonnable, parce que votre lettre exigeait une prompte réponse. Je me suis adressé à Dupin; il a fait d'abord la sourde oreille. Je l'ai tiré de la paresse par une lettre assez pressante, et voici sa réponse, qui ne signifie rien, ou à peu près : « J'attends une réponse, depuis plus d'un mois, de Girard, l'ingénieur; elle ne vient pas, et cependant j'espère ne cacheter ma lettre qu'en vous l'envoyant. Les prétentions que vous combattez ne m'étonnent pas; elles sont dignes de notre époque, où les besoins de la science sont mal compris, et, par conséquent, mal satisfaits. Vous retombez dans votre diable de critique, mon ami, quand vous parlez de la fausseté de l'idée que les peuples sont dans la *dépendance* de leurs gouvernements, auxquels ils confient bénévolement des forces très-réelles. Les peuples sont dans la dépendance des gouvernements à toute époque. Ils sont vexés de cette dépendance à notre époque; ils en sont charmés à d'autres. C'est vers cette harmonie qu'il faut tendre, et non vers l'antagonisme, que vous excitez, en disant que les gouvernants ne seraient rien sans les peuples, ou que les *gouvernants sont faits pour les peuples*, dogme politique de la doctrine critique. Il n'est pas plus possible de supposer des gouvernants sans peuples que des peuples sans gouvernants. La première hypothèse est une absurdité; la seconde est une impossibilité qui mènerait également à l'absurdité ceux qui voudraient l'atteindre, puisqu'elle aurait pour résultat de ne pas utiliser, pour la direction sociale, les capacités les plus élevées et de les contraindre même à s'abaisser au niveau des autres, en les forçant à rester dans leur individualisme, c'est-à-dire en perdant toute l'impulsion que leur vigoureuse organisation pourrait donner à la société.

Vous dites que votre comparaison avec le banquier était peut-être fautive, parce que le banquier est *souvent* plus producteur que le bailleur de fonds. Mais, mon ami, ce dernier n'est jamais producteur, quant à sa qualité de *capitaliste*. Il peut être producteur d'ailleurs ; mais ce serait tomber dans la nomenclature embrouillante de M. Say que de dire que le capitaliste produit.

Je ne conçois pas votre persévérance à dire qu'il faut laisser couler *l'eau*. Faites-moi le plaisir de réfléchir à ce que c'est que cette *eau*, qui vient se placer là, comme s'il y avait un fleuve. Quel est ce fleuve ? Est-ce de l'hydrogène et de l'oxygène qui composent cette eau ; et dans quelle proportion ces gaz y sont-ils combinés ? Vous vous servez là du langage poétique. Chaque navigateur, dites-vous, doit faire suivre à sa barque la direction générale du fleuve, pour sa propre satisfaction, etc., etc. ; mais ce fleuve, ce sont des hommes ; c'est plutôt une troupe qui marche. Dire que chaque individu de la troupe doit marcher avec les autres pour sa satisfaction, c'est très-juste ; mais où va-t-elle, cette troupe ?

Qui peut la diriger, si ce ne sont pas ceux qui voient d'avance où il lui est le plus convenable d'aller ? Pour cela, il faut avoir bien étudié la série des pas précédents, et indiquer un but à la troupe. Ce sont les hommes qui indiquent le but et qui savent ou passionner les masses pour ce but, ou les convaincre qu'elles doivent nécessairement l'atteindre, qui sont les véritables pilotes. Et comment voulez-vous que ces pilotes habiles disent : L'espèce humaine marchera bien ; car j'ai appris après tout ce qu'il fallait pour être bon pilote, et je ne la dirigerai pas ! Ce que je sais prouve ce que les autres savent. Je jouis contemplativement de ce que l'humanité fera sans moi ; et cependant je suis bien convaincu que j'en sais plus que tout le monde sur la marche qu'on doit suivre.... Ce raisonnement serait très-mauvais. Car, dans un moment donné, la plus petite parcelle d'intelligence supérieure à celle des hommes les plus avancés fait un homme de génie ; et ce sont ces hommes-là qui entraînent l'humanité. Ils ne laissent pas couler l'eau ; ils rament pour faire avancer la barque, qui, sans eux, irait encore, mais irait beaucoup moins vite.

Les prétentions qu'on vous témoigne pour

votre service d'ingénieur, sont d'une absurdité vigoureuse. Je crains bien, mon ami, que cette guerre, ainsi déclarée, ne soit pas terminée par la lettre de Dupin. Il m'a été impossible de me mettre en rapport avec un ingénieur anglais, pour la réponse à vos questions. Vous devez enfin avoir les cahiers que Sautelet devait vous envoyer. Il prétend que la faute en est à cet autre libraire qui expédie à Lausanne. Adieu, mon cher, je ferme ma lettre, sans y mettre la note du père Girard, qui ne me l'a pas envoyée ; mille amitiés.

P. E.

A MESSIEURS RODRIGUES, BAZARD, ENFANTIN, LAURENT, BUCHEZ ET ROUEN

1re lettre, le 7 mai 1827.

Messieurs, lorsque je priai l'ami, qui a parlé à deux de vous, de passer au bureau du *Producteur*, pour savoir ce qu'étaient devenus les deux numéros de ce journal, qui, d'après votre circulaire du mois de décembre, devaient paraître incessamment réunis en un seul volume, j'avais moins pour but de réclamer l'exécution de vos engagements, que de savoir si vous renonciez définitivement à la publication de vos idées; et dans l'hypothèse contraire, qui me paraissait la seule probable, de connaître les moyens que vous adopteriez à l'avenir pour répandre votre doctrine, afin de me procurer sans délai vos écrits, dont je suis très-avide.

L'ami dont je vous parle, m'ayant écrit que vous désireriez recevoir de moi quelques lettres sur les matières qui ont été l'objet de vos travaux, et ce désir de votre part se conciliant merveilleusement avec le besoin que j'éprouve d'éclaircir quelques doutes, et dissiper quelques nuages qui s'opposent encore à l'adoption complète de votre doctrine; j'accepte donc avec plaisir la proposition que vous me faites.

Absorbé par des occupations agricoles, ce n'est que par récréation et dans mes moments de loisir que je me livre aux études morales et politiques, que j'ai toujours affectionnées. J'attache néanmoins de l'importance à me tenir au courant de ces diverses sciences. Dans une pareille disposition d'esprit, vous concevez que l'apparition du *Producteur* ait été un événement intéressant pour moi. Quoiqu'il vînt heurter quelques-unes de mes opinions, je l'accueillis comme une bonne fortune : du talent, de la dignité, un ton de discussion, tel que je le désirerais à tous les écrivains politiques, des idées souvent grandes et neuves, et surtout une manière large et féconde d'envisager le passé, voilà plus de titres qu'il n'en fallait pour recommander vos écrits à tout esprit impartial. Je me hâtai de donner connaissance de votre journal à quelques amis faits pour l'apprécier qui se trouvent disséminés dans le Languedoc, et j'obtins le résultat que j'en espérais. Je vous avais procuré cinq à six abonnements qui, dans quelque temps, en auraient amené d'autres, lorsque la nouvelle de la suspension du *Producteur* vint nous contrister tous ; elle nous affligea d'autant plus vivement que la plupart des questions de politique générale, qui ont été traitées dans vos écrits, ne sont pas encore entièrement résolues pour nous, et que, livrés à nos seules méditations, nous désespérons d'arriver à une solution dégagée de toute incertitude.

Vous faire connaître les diverses questions sur lesquelles nous nous entendons complétement, exposer les doutes qui en obscurcissent quelques autres, vous rendre compte des obstacles que rencontre l'ensemble de votre doctrine, voilà, Messieurs, tout ce que je puis.

Si un travail entrepris dans ce but peut vous être agréable, je suis très-disposé à m'y livrer; j'attendrai votre réponse avant de l'entreprendre; mais quelle que soit votre décision à ce sujet, vous m'obligerez néanmoins en me faisant connaître quels sont vos projets pour l'avenir, afin que je puisse répondre quelque chose de positif aux diverses personnes qui s'adressent à moi pour connaître votre détermination ultérieure au sujet du *Producteur*.

L'on m'a demandé aussi, et je me l'étais demandé souvent à moi-même, quels motifs avaient empêché M. Auguste Comte de participer à la rédaction du *Producteur* pendant les sept derniers mois de sa publication.

Recevez, Messieurs, etc.

RESSEGUIER.

XVIIIe LETTRE

A M. RESSEGUIER

Paris, 20 mai 1827.

M. Borrel (médecin) m'a remis la lettre que vous avez adressée aux principaux rédacteurs du *Producteur*. Nous nous félicitons particulièrement, M. Rodrigues et moi, d'avoir rencontré votre ami chez M. Bossange, et d'avoir ainsi provoqué cette correspondance.

Vous voulez bien nous offrir, Monsieur, de nous faire connaître les points de doctrine sur lesquels vous êtes complétement d'accord avec le *Producteur*, de nous exposer les doutes qui en obscurcissent quelques autres, enfin de nous rendre compte des obstacles que rencontre l'ensemble de notre doctrine. Digne d'apprécier les jouissances philosophiques, vous devez sentir combien votre offre nous est agréable. Depuis la création de la doctrine que nous cherchons à répandre, cette doctrine n'a pas manqué d'adversaires, et malgré la réputation de quelques-uns d'entre eux (Benjamin Constant, d'Eckstein, le *Globe*, etc., etc.), aucun d'eux ne s'est présenté avec des armes philosophiques, aucun d'eux n'a voulu discuter; tous ont prétendu juger ce qu'ils n'ont pas daigné étudier. Si les rapports avec le public éclairé auquel nous avons voulu nous adresser étaient toujours de cette nature, si nous n'avions, par exemple, à soutenir que des discussions comme celle dont vous avez pu prendre connaissance dans les derniers numéros de la *Revue encyclopédique*, il en résulterait pour nous, non pas la conviction que nous sommes dans l'erreur, mais la pénible certitude que nous sommes encore assez éloignés de l'époque où on examinera notre doctrine avec les dispositions philosophiques que vous témoignez. Nous recevrons donc avec le plus grand plaisir, Monsieur, le travail auquel vous êtes disposé à vous livrer; nous chercherons à lever les doutes qui s'opposent à l'adoption complète de notre doctrine, et vos observations nous aideront à détruire les obstacles qu'elle rencontre. Veuillez m'adresser vos lettres.

Vous désirez savoir pourquoi M. Comte n'a pas travaillé au *Producteur* pendant les sept derniers mois de sa publication? M. Comte, immédiatement après son dernier travail imprimé dans le *Producteur*, a fait une maladie extrêmement grave qui nous a privés et nous privera encore des secours de sa forte intelligence.

Vous nous demandez quelques détails sur nos projets pour l'avenir. Lorsque les travaux dont le *Producteur* nous accablait ont cessé, nous avons tous trouvé le temps d'être malades, et aucun de nous n'y a échappé. Nous avons promis de donner un résumé général de notre doctrine pour terminer cette première série des travaux de l'école de Saint-Simon; nous le donnerons non-seulement parce que telle est notre promesse, mais parce que nous croyons que l'intérêt philosophique de la doctrine exige que nous rappelions l'attention sur l'ensemble, après l'avoir longtemps occupée des détails.

Nous ne songerons à déterminer la forme sous laquelle nous continuerons à propager nos idées, que lorsque ce résumé aura paru. Nous pensons qu'il nous donnera plus de facilités pour faire sentir à quelques personnes les germes d'avenir que renferme notre doctrine; peut-être alors se décideront-elles à les cultiver en partageant avec nous les sacrifices de tous genres que nous faisons et continuerons à faire pour préparer les esprits à les recevoir.

Nous nous occupons donc de notre résumé autant que nos santés nous le permettent, aussi travaillons-nous fort peu ; nous ne pouvons pas même vous dire l'époque précise à laquelle nous pensons qu'il sera terminé.

Les relations que nous allons entretenir avec vous, Monsieur, nous mettront à même de vous informer des projets auxquels nous nous rattacherons pour l'avenir. Nous comptons sur vous et vos amis pour seconder nos efforts. Nous vous adressons, pour en prendre connaissance et les leur communiquer, quelques exemplaires des derniers ouvrages de Saint-Simon ou de ses élèves avant le *Producteur;* peut-être éclaireront-ils des parties que vous avez trouvées obscures dans notre journal.

Je suis chargé, Monsieur, par mes collaborateurs de vous prier d'agréer l'expression du plaisir que votre lettre leur a fait éprouver et l'assurance de leur parfaite considération ; je me trouve heureux d'être l'interprète de leurs sentiments.

ENFANTIN.

M. RESSEGUIER A M. ENFANTIN

2e lettre, 14 juin 1827.

J'ai reçu avec plaisir et reconnaissance la lettre et les livres que vous m'avez adressés. Je me suis occupé d'en faire la distribution d'une manière conforme à vos désirs, et je crois pouvoir vous assurer que mes amis seront aussi flattés que moi de cet envoi et que la lecture de ces ouvrages ne sera pas sans résultat utile.

J'attache trop d'importance aux relations qui vont s'établir entre nous pour ne pas mettre la plus grande exactitude à remplir les engagements que j'ai contractés. Cette lettre vous serait parvenue plus tôt si je n'avais moi-même éprouvé quelque retard dans la réception de la lettre et du paquet que vous m'avez adressés.

Avant d'entrer en matière, occupons-nous un moment de vos adversaires.

Je ne vous dirai rien de M. le baron d'Eckstein parce que je ne connais pas ses écrits. Quant à M. Benjamin Constant, nous avons tous gémi, mes amis et moi, dans son intérêt et dans celui de la science, des écarts inconcevables auxquels cet écrivain s'est livré lorsqu'il a voulu combattre votre doctrine, et nous avons applaudi au ton digne et mesuré avec lequel vous avez repoussé sa polémique inconvenante. La conduite de M. Benjamin Constant dans cette circonstance a affaibli l'importance philosophique dont il jouissait dans notre esprit, et la vôtre vous a assuré des droits à notre estime.

Comme vous et vos collaborateurs, j'ai longtemps désiré voir une discussion grave et méthodique s'engager entre le *Producteur* et le *Globe*. Je croyais qu'elle serait utile à la science : et c'était avec peine que je voyais ce dernier journal éluder le combat que vous lui offriez sans cesse, car les deux pages qu'il vous a consacrées ne méritent guère qu'on les mentionne.

En y réfléchissant depuis, mon opinion à ce sujet s'est bien modifiée : il est impossible de refuser au *Globe* de l'esprit, du savoir, des sentiments élevés et de la conscience ; mais ces précieuses qualités qui le placent si haut, quand il ne s'agit que de littérature, sont malheureusement paralysées par son engouement psychologique ; et ses habitudes métaphysiques le rendent, selon moi, peu propre à traiter convenablement les questions de politique générale que notre siècle est appelé à résoudre. Faut-il encore avoir un point de départ commun pour qu'une discussion ne soit pas stérile, et à quel résultat utile peut-on aboutir lorsqu'il faut à chaque instant remonter jusqu'aux premiers principes, et qu'on ne peut se livrer à aucun raisonnement qui ne soit entravé par des objections vingt fois réfutées par des ouvrages antérieurs et qu'il est impossible de reproduire sans tomber dans le vague et la diffusion. Des intentions nobles et généreuses ne me paraissent point être un point de départ suffisant dans les discussions politiques. Les adversaires avec lesquels je désirerais surtout vous voir engager un combat scientifique et qui me paraissent les seuls propres à traiter convenablement les grandes questions que vous avez soulevées, sont les auteurs du *Censeur* et leurs élèves.

Je vous peindrai difficilement l'impression agréable que j'éprouvai lorsqu'en ouvrant la *Revue Encyclopédique* du mois de février, j'y vis un long article de M. Dunoyer, consacré à la critique de l'école saint-simonienne. Je le lus avec avidité. Mon désappointement fut grand, j'y trouvai bien quelques passages intéressants, des observations importantes, quelques questions bien posées (nous en parlerons plus tard), mais, tout ce qui avait trait à Saint-Simon, empreint du caractère critique de l'époque, était déplorable, et l'article dans son ensemble, au lieu d'être ce que je croyais, et ce que je désirais, une critique sévère et méthodique des idées saillantes du *Producteur*, ne contenait qu'un précis historique incomplet, inexact et méconnaissable de l'époque, qu'il aurait fallu combattre après avoir nettement posé les questions de dissidence. Votre réponse a été ce qu'elle devait être, votre résumé la complétera ; vos lecteurs le recevront avec plaisir et il leur sera nécessaire. Vous avez pensé qu'il fallait reporter leur esprit sur l'ensemble, après l'avoir longtemps occupé des détails.

Vous faire connaître les questions sur lesquelles nous nous entendons complétement, exposer les doutes qui en obscurcissent quelques autres, voilà, Monsieur, le premier travail que je me suis imposé. Je vais l'entreprendre en menant de front ces deux questions aussi méthodiquement que cela me sera possible.

Le genre humain, considéré dans son ensemble, a, comme chaque individu, un principe d'activité qui lui est propre, et qui le pousse vers un certain but que l'histoire constate et détermine. Voilà, si je ne me trompe, le principe sur lequel repose la perfectibilité humaine.

Il me paraît incontestable et je trouve que votre école l'a saisi avec une netteté, une profondeur qui ont été fécondes en conséquences neuves et importantes ; quoique admis par la plupart des publicistes de notre époque, ce principe avait été jusqu'à présent presque stérile.

Vous m'avez prouvé clairement et à ma grande surprise, que le moyen âge était bien supérieur en civilisation à l'état des Grecs, des Romains, et mon cœur a battu de joie. J'ai été obligé d'admettre aussi que le catholicisme n'avait pas été, comme je l'avais cru jusqu'ici, une institution barbare, ridicule et atroce, et qu'il avait longtemps servi la cause de l'humanité, avant de prendre le caractère rétrograde dont il s'est revêtu depuis.

Vous avez établi d'une manière très-satisfaisante qu'il n'était au pouvoir d'aucune puissance humaine d'arrêter la marche de la civilisation, surtout de lui donner une impulsion rétrograde; que par conséquent les craintes et les espérances de quelques esprits à ce sujet étaient vaines et que la seule question à agiter aujourd'hui était de savoir quels sont les moyens de hâter cette marche.

Il est pourtant une chose qui dans cette question m'embarasse : Comment expliquer l'état de l'Asie et de la Turquie en particulier? Est-il vrai que la civilisation dans cette partie du monde a été stationnaire ou rétrograde? A quelle cause attribuer ce résultat? Et en supposant que vous ne l'admettiez pas, d'où vient que ces progrès ont été aussi lents? Cet état stationnaire ou rétrograde fût-il réel, je sens très-bien qu'il ne détruirait pas le fait général, mais il devient un peu embarrassant, et j'ai souvent regretté que vous ne lui ayiez point consacré quelques articles. Je recevrai vos observations sur ce sujet avec beaucoup d'intérêt.

Désirant faire partir cette lettre par le courrier de ce jour, je me vois forcé de la terminer; je reprendrai mes objections du point où je les laisse.

Veuillez, Monsieur, exprimer à vos collaborateurs le vif intérêt que je prends à vos travaux, et leur assurer que je ferai tout ce qui sera en mon pouvoir pour favoriser la publication de vos idées.

Croyez, Monsieur, etc.

RESSEGUIER.

A M. ENFANTIN

Bagnères, 2 août 1827.

Monsieur, quoique avant mon départ pour Bagnères, où je suis venu consolider ma santé un peu chancelante, je n'eusse point reçu de réponse à ma dernière lettre du mois de juin, réponse qui est peut-être arrivée depuis à Sorèze, je vous écris de nouveau afin de ne pas laisser languir des relations auxquelles j'attache un grand prix.

Ma dernière lettre renfermait les observations que j'avais à vous faire sur le principe le plus général de votre doctrine, celui sur lequel elle repose tout entière, la perfectibilité, et sur les conséquences que votre école en a déduites ; je passe à une autre question : le but spécial doit être, selon vous, l'exploitation la plus complète du globe que nous habitons. Je ne suis point surpris que l'on vous ait à ce sujet adressé bien souvent le reproche de vouloir matérialiser la société. J'ai moi-même partagé quelque temps les impressions que vos adversaires ont éprouvées, et ce n'est qu'en *étudiant* vos divers écrits et en revenant souvent sur les mêmes lectures, que je me suis convaincu de la frivolité de ce reproche ; néanmoins, je ne suis pas encore satisfait de votre proposition : *Le but social est l'exploitation du globe.* J'ai beau lire et relire les pages 73, 74 et 75 de votre article : *Comment l'esprit d'association se substitue à l'esprit de conquête,* inséré dans le numéro d'avril, il me semble que l'objection que vous vous adressez à la fin de la page 74 est toute-puissante et que votre réponse ne la détruit pas.

Si l'exploitation du globe est le seul but social, la nation qui l'exploite le mieux est sans contredit la plus avancée en civilisation, celle dont le sort doit être envié par les autres qui, par conséquent, doivent chercher à se mettre à son niveau, en sorte qu'il faudrait admettre, ce qui me paraît impossible, que la nation qui serait la première de toutes sous le rapport industriel (en donnant à ce mot le sens que le *Producteur* lui accorde), serait supérieure à celle moins habile en agriculture, mais dont le commerce et la fabrication jouiraient néanmoins de l'avantage de voir ses produits matériels, quoique moindres, distribués d'une manière plus convenable entre les divers membres de la société, et qui joindrait à cet avantage celui d'une instruction plus grande et plus répandue, et dont les mœurs seraient plus douces et plus pures. Ce n'est certainement pas là votre pensée ; ce que vous avez écrit sur le pouvoir spirituel et tous les articles qui se rattachent à cette belle question, prouvent assez que vous ne pensez pas que le législateur ait rempli sa tâche, lorsqu'il a réglé les intérêts matériels. Comment se fait-il donc que votre principe conduise vos lecteurs, même les plus attentifs et les mieux disposés, à un résultat que vous désavouez ? Cette partie de votre doctrine exige donc des explications plus précises.

L'exploitation du globe n'est qu'un moyen, ce me semble, quoique très-puissant sans doute, d'arriver au but général que les sociétés doivent se proposer, le bien-être de l'humanité. Vous dites à cela que le bonheur ou l'utile sont des expressions vagues ; j'en conviens tant qu'elles ne sont point précisées; mais lorsqu'on les a définies par cette idée très-positive dont vous vous servez souvent, la satisfaction la plus complète possible des besoins physiques, intellectuels et moraux, il me paraît que le vague cesse et que le but est complétement désigné.

L'*industrie*, les *sciences*, les beaux-arts, dites-vous souvent! L'industrie et les sciences correspondent aux besoins physiques et intellectuels, j'en conviens; les beaux-arts ne coïncident point aussi bien avec les besoins moraux; les hommes considérés soit isolément, soit collectivement, ont besoin d'affections tendres, bienveillantes et généreuses; ils courent après elles, et par elles leur existence acquiert un nouveau prix. Sans aucun doute, les beaux-arts peuvent et doivent faire naître ou fortifier ces heureuses dispositions; mais ils ne jouent dans ce but qu'un rôle secondaire, ce me semble. L'éducation (en généralisant cette expression) se sert d'eux comme d'un moyen, mais il n'est ni le seul, ni le plus puissant. Pourquoi votre école leur accorde-t-elle une importance aussi exclusive?

L'on vous a souvent accusés de considérer la société d'une manière incomplète, laissant en dehors une foule de professions utiles; vous avez répondu à cette accusation ; j'éprouve néanmoins encore quelques incertitudes, que je vais vous soumettre. Selon vous, la société ne se compose que des oisifs, des gouvernants et des producteurs ; est-ce bien là votre idée ? Les oisifs doivent être placés en dehors de toutes considérations politiques ; c'est incontestable. Il importe, avez-vous dit, de ne pas confondre les gouvernants et les producteurs, à cause de l'importance que ceux-ci acquièrent. Je conçois ces motifs et j'approuve cette distinction ; mais je ne sais pas classer les médecins, les professeurs, les accoucheurs, et tous gens très- utiles et que vous avez l'air de ne pas apercevoir dans la société. Ce ne sont ni des oisifs, ni des gouvernants, et je ne pense pas que vous leur trouviez une place parmi les producteurs. Cette omission répand beaucoup de vague sur des idées, d'ailleurs très-satisfaisantes, il importe que vous les dissipiez.

D'accord avec votre école sur le fond de presque toutes les questions importantes, vous trouverez peut-être que j'ai été bien minutieux dans les objections que je viens de vous faire ; mais vous attachez vous-même tant d'importance aux locutions que vous adoptez, elles reviennent si souvent dans vos écrits, qu'il m'est impossible de supposer qu'elles ne renferment pas pour vous un sens très-précis et exempt d'arbitraire, qu'il importe dès lors de bien connaître quand on ne veut pas s'exposer, comme tous les adversaires qui vous ont jusqu'à ce jour combattu, à vous juger sans vous comprendre.

Le pouvoir spirituel, la baisse progressive des intérêts, et le système des emprunts substitué à celui de l'impôt, formeront le sujet d'une autre lettre que je vous adresserai lorsque j'aurai reçu une réponse à celle-ci.

Je vous ai fait connaître les points de dissidence; il me faudrait de longues pages pour énumérer les nombreuses idées du *Producteur* que j'adopte sans restriction. Tout ce que votre école a écrit sur la liberté, la foi, sur la conscience, le crédit, sur les banques, sur le passé, le présent, l'avenir social, forme une collection d'articles du plus haut intérêt. Les idées neuves et grandes que vous avez produites ont fait une révolution complète dans mon esprit, et m'ont placé à un point de vue philosophique que j'étais loin de soupçonner. Je ne cesserai de proclamer les innombrables avantages que ma raison a retirés de vos ouvrages, et le calme qu'ils ont procuré à mon esprit. Des services aussi importants réclament la plus profonde reconnaissance.

Veuillez, Monsieur, en recevoir l'expression et la faire agréer à vos collaborateurs.

RESSEGUIER.

P. S. — En passant à Castelnaudary, j'ai vu quelques personnes qui désireraient prendre connaissance des doctrines de votre école. Je leur ai indiqué les ouvrages qu'elles devraient se procurer. La collection complète du *Producteur* leur étant indispensable, elles désireraient savoir à quelle librairie il faut s'adresser pour avoir cet ouvrage ; elles supposent qu'on le leur donnera à un prix inférieur à celui de l'abonnement; elles voudraient, avant de le faire venir, savoir le rabais qu'elles obtiendront. Vous pouvez sans doute me fixer là-dessus ; je leur transmettrai votre réponse.

R.

NOTE RÉDIGÉE PAR ROUEN

EN RÉPONSE A LA QUESTION SUIVANTE

ADRESSÉE AUX RÉDACTEURS DU *PRODUCTEUR*

PAR M. RESSEGUIER

« Comment expliquer l'état de l'Asie et de la Turquie ? » Est-il vrai que la civilisation, dans cette partie du monde, » ait rétrogradé ou ait été stationnaire ? et à quelles causes » attribuer ce résultat ? Et en supposant que vous ne l'ad» mettiez pas, d'où vient que les progrès ont été si lents ? » Cet état stationnaire ou rétrograde fût-il réel, je sais très» bien qu'il ne détruit pas le fait général, mais il devient un » peu embarrassant. »

En proposant cette objection on a pris soin de la réduire à sa véritable valeur ; on a bien compris qu'elle ne militait pas contre l'idée générale de la progression graduelle et soutenue de l'espèce humaine. Tâchons d'affermir cette première vue, de la préciser et, par suite, de nous fixer sur l'importance et l'utilité de la question principale.

En restant dans les termes généraux de la loi de développement de l'espèce humaine, il est effectivement facile d'apercevoir que l'état stationnaire, rétrograde ou même l'anéantissement d'une de ses fractions, n'implique pas contradiction avec le développement de l'ensemble si, chaque fois qu'une rétrogradation partielle peut être signalée, on trouve plus qu'une compensation dans des progrès collatéraux.

Ce mouvement de perturbation ne nous empêche nullement d'observer et de suivre le phénomène prédominant et de calculer les modifications futures ; surtout si la prédominance relative s'est toujours accrue, si elle est aujourd'hui hors de toute atteinte sérieuse ; si, en un mot, les tendances rétrogrades qui pourraient se manifester encore chez quelques peuples en résultat du passé, ne doivent plus exercer d'influence sur le développement futur de l'espèce.

L'intérêt que présente la solution de la question consiste donc positivement à lier au phénomène général un fait qui n'y était point rattaché, et à augmenter le nombre des probabilités déjà très-grandes en faveur de la loi générale. Chaque nouvelle explication, conforme à l'idée de développement, n'est, en effet, qu'une preuve de plus de la justesse de cette loi.

Maintenant nous admettons comme démontré que des fractions de l'espèce (nations, peuplades, familles) soient restées stationnaires, aient rétrogradé ou même aient été anéanties.

Cette marche inverse du mouvement principal tient au mode de développement de l'espèce, aux moyens qu'elle a dû employer en raison de l'état dans lequel elle s'est trouvée placée aux premières périodes de son histoire. L'espèce est alors guidée par des passions brutales ; elle possède peu de moyens d'action sur la nature et des connaissances excessivement bornées ; elle ne peut concevoir et réaliser l'association que dans des limites locales très-circonscrites, et dans un but tout d'opposition aux autres nations ; alors l'homme conçoit l'asservissement de ses semblables comme le mode le plus commode et le plus productif d'exploitation de la nature ; il recherche des esclaves, des tributaires, etc., et ce moyen principal devient le but politique des associations humaines. Or, comme une nation, constituée principalement pour la conquête, ne se perfectionne plus tant qu'elle est livrée tout entière à cette impulsion ; si elle triomphe, les peuples qu'elle a conquis peuvent y gagner ou y perdre selon leur degré de civilisation relative ; elle-même, après avoir affermi sa domination, peut voir renaître chez elle l'activité civilisatrice, etc.

Mais, si elle lutte avec désavantage, tant que durera cette lutte, elle y sacrifiera tous ses moyens, elle verra décroître successivement ses ressources scientifiques et industrielles, et ses sentiments généraux se dénaturer. Dans cet état, la société finit par se dissoudre politiquement; elle ne doit plus se civiliser par suite de sa civilisation précédente; mais elle se civilisera étant déplacée de sa sphère d'activité primitive et soumise à l'action extérieure d'une nation prédominante.

Pour faire application de cet aperçu à la société musulmane, on peut dire : les Turcs se sont constitués politiquement à la faveur des moyens de civilisation accumulés par les Arabes. Ils sont armés pour la conquête du globe; s'ils ont rendu quelque énergie à la société musulmane, ce fut aux dépens de l'activité qu'elle employait au perfectionnement des sciences, de l'industrie et des arts; la durée et l'intensité de la lutte qu'ils ont soutenue les ont mis dans la continuelle nécessité de tout sacrifier aux besoins militaires du moment. Enfin, ils ont fini par perdre la source à laquelle ils avaient originairement puisé les éléments de leur force, etc.

Note. — On pourrait se demander aussi comment expliquer la priorité du développement de certains peuples; puis les déplacements locaux de l'action civilisante? Elle s'exerce d'abord chez les Orientaux (les Égyptiens, les Indiens); mais l'empire se déplace successivement du Midi pour se fixer vers le Nord.

Les circonstances climatériques expliquent cette marche. Les habitants du Midi ont moins de besoins physiques; ils jouissent d'un climat plus heureux, d'un sol plus fécond que les habitants du Nord. Ils ne sont point, comme ceux-ci, obligés dès leur enfance d'employer toutes leurs forces à soutenir leur existence physique; ils peuvent donner beaucoup de temps à la méditation et à l'observation: ils durent se développer les premiers; mais chaque fois que par le contact ils ont communiqué les résultats de leurs travaux aux peuples occidentaux, ceux-ci, plus propres à l'action physique, n'ont point tardé à s'en servir comme d'instruments de domination, etc.; jusqu'à ce qu'enfin l'espèce soit parvenue à une époque (et c'est la nôtre) où sa partie prédominante est définitivement en possession de l'empire, parce qu'elle est à la fois la plus industrieuse, la plus savante, la plus morale, et qu'elle possède une activité politique supérieure à celle de toutes les autres nations.

ROUEN.

XIXᴱ LETTRE

—

AU DOCTEUR BAILLY

Paris, 6 juillet 1827.

Le point principal de discussion est celui-ci : l'histoire des données psychologiques ou observations sur l'homme abstrait, autorisent-elles à reconnaître l'existence du sentiment religieux comme étant une disposition indépendante de la *raison* que nous donnons, non pas *de la* cause, mais *sur* la cause du phénomène univers ? En d'autres termes, le raisonneur peut s'arrêter lorsqu'il touche à la cause première et ne s'occuper que des lois découvertes par la comparaison des phénomènes observés *à posteriori*, c'est-à-dire antérieurement à la connaissance de ces lois ;

l'homme qui n'est pas doué *particulièrement* de la faculté scientifique ou faculté rationnelle, s'arrêtera-t-il également? Et autrement encore, l'abstraction au moyen de laquelle nous séparons l'homme en trois facultés principales n'étant créée par nous que pour la facilité d'examen, et l'homme étant *un*, doit-on considérer comme fausse la proposition suivante?

— L'espèce humaine est douée de la faculté de percevoir *sentimentalement* les choses dont elle ne se rend pas *raison*, et par suite, de formuler cette perception en une institution sociale ayant le caractère de croyance commune, nommée RELIGION, et soumise dans ses perfectionnements au développement simultané des *sciences* et de l'*industrie*.

Nous disons : l'*homme est un;* il est DOUBLE dans le rapport du *moral* et du *physique*, TRIPLE en sous-divisant le moral en activité *rationelle* et activité *sentimentale*.

De même, l'univers est *un*. Il est DOUBLE sous le rapport de la division en *corps bruts* et en *corps organisés*.

L'homme systématise l'ensemble de ses perceptions de deux manières correspondantes aux deux divisions du moral. L'esprit de causalité est le mobile de cette systématisation.

L'homme systématise RATIONNELLEMENT au moyen des faits observés dont il examine les rapports : le raisonneur systématise ainsi *à posteriori*, remontant des faits particuliers observés à un fait général, *lien* de son système.

Au contraire, l'homme qui est plus artiste que raisonneur ne sent dans les phénomènes qui le frappent que les rapports qu'il croit exister entre ces phénomènes et la conception d'un phénomène plus général, au moyen duquel sa sensibilité est continuellement mise en action ; ou autrement, il systématise ses sensations *à priori*, descendant d'un fait général à des faits particuliers.

Ces deux modes de systématisation qui tiennent à ce que l'homme est *double* sous le rapport moral, paraissent également une conséquence de ce dualisme sous lequel l'univers lui apparaît nécessairement. L'univers se présente, ou comme un *fait brut*, ou comme un *fait organisé* : de là, la disposition *rationnelle* qui porte à présenter le phénomène général comme un fait mécanique, ou bien la disposition *sentimentale* qui peuple le monde de dieux... Ce dualisme de l'univers produit donc chez l'homme une double disposition qui nous paraît bien rendue par cette phrase (elle est de Rodrigues) : « *Là où le raisonneur voit la vie, il étudie le mouvement; là où l'artiste voit le mouvement, il sent la vie.* »

Les époques organiques ne sont telles que parce que, dans ces périodes, l'humanité est réellement *une*, c'est-à-dire que les savants et les artistes, ou l'activité intellectuelle et l'activité sentimentale, ont un but commun. Les artistes et les savants sont alors d'accord, non sur le *mode de systématisation*, mais sur la disposition générale d'action qui résulte pour chacun du système sous l'influence duquel il vit. Si la science pouvait à jamais nier toute espèce de conception sentimentale sur la cause de l'univers; si elle pouvait déclarer qu'il n'y a pas de cause, ou du moins qu'on ne peut pas regarder cette cause en se plaçant au point de vue des corps animés, c'est à dire la croire avant tout *animée*, parce qu'elle-même la croirait toute mécanique, c'en serait fait pour l'avenir du sentiment religieux. Nous ne croyons pas qu'on en soit là ; il nous semble au contraire qu'un grand pas reste à faire et se fera, c'est celui qui déterminera l'alliance des raisonneurs et des artistes, en rapportant les données rationnelles que la science aura fournies sur le développement progressif de l'espèce à un *plan de la providence* suivi par l'humanité *per omnia secula.* Les savants ne devront avoir d'abord aucune opposition à présenter contre les efforts de l'imagination poétique du premier homme inspiré ; ils pourront, il est vrai, ne pas adopter pour eux cette croyance, ne pas partager la conviction du poëte, mais les résistances des sceptiques n'ont pas empêché l'établissement du christianisme, et l'humanité savante, après avoir lu et aimé Lucrèce et tant d'autres, n'a bientôt plus été pendant dix siècles qu'une armée spirituelle d'hommes *religieux*, quoique la masse des savants qui précédèrent les Pères de l'Eglise n'eût pas été très-échauffée par le sentiment religieux.

Nous autres, hommes de passage, nous ne connaissons pas ce sentiment et ne l'éprouverons probablement jamais. Qu'en devons-nous conclure ? Que nous vivons à une époque où l'unité humaine n'existe pas même chez l'individu, c'est-à-dire où il n'y a pas d'éducation générale commune et où les aptitudes particulières se développent à un tel point que l'abstraction de la division trinaire de l'homme en capacités spéciales est presque réalisée. Nous sommes des *raisonneurs*, comme tant d'industriels ne sont que des machines à production, des instruments, et ne songent qu'à leur entretien physique ; ou bien nous sommes raisonneurs, comme tant d'hommes doués d'une grande disposition sentimentale ne sont que des individus doués d'une susceptibilité et d'un égoïsme admirables. Nous sommes à une époque enfin où les monomanies sont plus possibles que jamais. L'absence du sentiment religieux chez nous, et en général chez les hommes très-éclairés de notre époque qui sont très-peu en rapport sentimental avec la cause de l'univers, et sont au contraire en relation rationnelle intime avec les lois qui régissent les phénomènes, ne nous donne rien à conclure pour l'avenir, car il y a une grande masse d'hommes (ceux qui, exerçant moins que nous leur faculté rationnelle, ne mettent pour ainsi dire en jeu, quant à leur moral, que leur activité sentimentale) qui sont, sous une foule de formes, très-religieux, et par conséquent l'argument pourrait être rétorqué contre toute conclusion.

Une objection plus forte nous est faite ; on nous dit : la science du passé était *théologique*, et c'était précisément parce que la science expliquait les phénomènes par l'idée *Dieu*, que le sentiment *Dieu* existait.

Nous répondons :

La science était *conjecturale* (ce mot nous paraît plus juste) ; voyons ce qu'il faut entendre par cette qualification.

La division du travail s'effectue progressivement par l'humanité. La science, la poésie, étaient confondues d'abord dans les mêmes individus, et pour nous servir des termes de l'ancienne métaphysique, l'*imagination* et la *raison* se confondaient dans la même intelligence : or, le progrès général de l'humanité consiste précisément dans cette division du travail progressivement mieux établie.

A l'origine, le guerrier, le poëte et le savant se confondent. Plus tard, la division binaire humaine s'établit politiquement par la distinction en *pouvoir spirituel* et *pouvoir temporel*. Enfin l'avenir nous réserve la triple direction des savants, des industriels et des artistes, combinant leurs efforts, mais divisés quant à leur mode d'action sociale. La division posée par Saint-Simon pour les métholdes, division dans laquelle l'époque scientifique actuelle est désignée par ces mots : *mi-conjecturale*, *mi-positive*, indique bien que l'imagination va bientôt être chassée du domaine de la science. Rien de mieux, mais l'imagination a aussi un domaine dans lequel le raisonnement jouerait un fort sot rôle. Si le poëte attendait que ses inspirations lui fussent démontrées justes, bonnes, vraies, pour les produire, comme le raisonneur qui ne parle que preuves en mains, où en seraient les beaux-arts?

Ainsi la science tend à se séparer de l'imagination, des fictions, des conjectures, des hypothèses (tout cela sort de la même source), séparation excellente sous un rapport, très-mauvaise sous un autre ; excellente, parce que les savants et les artistes ont des capacités différentes ; très-mauvaise, s'ils pouvaient oublier qu'ils ont un but commun.

Les savants obéissaient autrefois à leur imagination; ils portaient dans la science le sentiment *Dieu*, comme explication suffisante de l''inconnu. Le mal n'était pas là, de même que le progrès ne consiste pas en ce que les savants ne croient plus en Dieu, mais en ce que les gens qui exercent une certaine portion de leurs facultés (la partie rationnelle) ne se satisfont plus dans leurs travaux particuliers de trompeuses analogies et de rapports instinctifs et spontanés qui portent à donner une solution de problèmes avant de l'avoir examinée sous toutes ses faces. Toutefois, si cette faculté de sentir d'avance ce que l'observateur vérifiera, si ce génie qu'on peut appeler *inspiration* ne prêtait pas son secours à la science, en un mot, si l'homme raisonnait constamment, combien le cercle de ses connaissances s'agrandirait avec peine! La faculté de créer, d'imaginer, de conjecturer, est donc indirectement une source féconde dans laquelle l'intelligence humaine ira toujours puiser chaque fois qu'il se présentera un problème à résoudre, et où, par conséquent, elle prendra toujours la solution, la solution du grand problème de l'existence de l'univers, même avec l'astronomie, la physique et la chimie positives.

Dans la discussion qui existe entre nous, Bazard reconnaît l'existence de cette disposition mystique au moyen de laquelle l'homme se met en rapport sentimental avec l'univers et imagine une vie éternelle; mais ce sentiment ne joue pas, selon lui, un rôle social plus grand que tout autre sentiment individuel, tel que l'amour de père à enfant, de femme à homme, etc., etc. Il ajoute que tout sentiment de l'homme, lorsqu'il est prêché par un artiste, le prédispose indirectement à tous les autres sentiments; qu'ainsi des hommes réunis entendant prêcher sur l'amour du père à l'égard de l'enfant sortent de là meilleurs pères et aussi meilleurs maris, meilleurs maîtres, meilleurs citoyens. Les mystiques également sortant du prêche mystique seraient meilleurs citoyens, comme ils le seraient en venant d'entendre la *Bonne Mère* de Florian.

Cette dépendance du sentiment nous paraît juste, mais nous ajoutons : si chaque sentiment particulier rappelle tous les sentiments, c'est qu'ils sont tous liés, tous susceptibles d'être *systématisés*. Quel est le lien des sentiments? On nous répond : La *philanthropie*, qui comprend tous les rapports sentimentaux des hommes entre eux. Mais la philanthropie ne saurait comprendre les sentiments de rapport avec l'univers; donc le sentiment mystique échapperait au lien général.

Pour résoudre cette difficulté, revenons au principe de *l'homme moral double* et *l'univers double*. Nous dirons : Les sentiments se divisent en deux classes, quoiqu'ils soient *uns* ; leur division en deux classes indique que chacune de ces classes peut se *systématiser* au moyen de liens différents qui pourront sans doute se joindre, mais qui sont bien distincts l'un de l'autre. Ainsi tous les sentiments de rapport avec l'humanité pourraient constituer, je suppose, la philanthropie; et le sentiment de rapport avec ce qui n'est pas homme, constituerait le mysticisme qui comprendrait par conséquent la relation d'amour ou de haine pour ce que la science appelle *lois* et *anomalies*, c'est-à-dire pour ce qui se présente aux yeux de l'artiste comme *harmonie* ou *désordre*.

Dira-t-on que le mysticisme ne donnera lieu qu'à la contemplation, à la prière, tandis que la philanthropie donnerait lieu à l'action? Cela est vrai, *en supposant ces sentiments abstraits*; mais d'ailleurs que conclure de cette différence? Prétendrait-on qu'il vaut mieux contempler qu'agir? Ce serait ridicule; car, pour agir et surtout pour agir vigoureusement, il faut souvent avoir contemplé avec ardeur, il faut, en un mot, s'être *monté l'imagination*, il ne peut pas y avoir ici de différence.

Nous admettons fort bien, ai-je dit, que *prêcher le mysticisme* soit préparer à éprouver d'autres sentiments, à aimer la musique ou les charmes de la nature tranquille, à redouter l'horreur de la nature en courroux, et réciproquement la musique et le spectacle imposant de la nature préparent au mysticisme. De même, prêcher la philanthropie, c'est préparer à aimer ses enfants, sa patrie, et réciproquement, les bons sentiments de famille préparent à la philanthropie. Tous les sentiments qui se présentent ainsi divisés en deux grandes classes, s'ils pouvaient rester isolés, c'est-à-dire, si l'homme n'était pas inévitablement placé aux deux points de vue, agiraient sur l'humanité de la manière suivante: le mysticisme ferait des contemplateurs incapables d'agir, plongés profondément dans les rêveries extatiques de la prière. D'un autre côté, au contraire, l'homme qui n'établirait sentimentalement aucun rapport entre lui et l'univers, celui qui ne se créerait aucune explication satisfaisante de son être serait lui-même privé de la surexcitation nécessaire à l'action que lui commanderait son sentiment d'amour pour ses semblables. Il serait sans cesse retenu par le calcul d'intérêt personnel qu'il ferait inévitablement, puisque sa conviction sur son avenir n'étant plus fixée, lui laisserait des doutes sur les vaines fumées de la gloire, sur les illusions de la conscience, là où il lui faudrait avoir la tête montée pour un avenir céleste qui le déciderait à braver la mort, pour mériter les grandeurs de la vie future ; sa disposition au dévouement ne se présentant pas à lui sous la forme du devoir, d'obligation imposée, de mission à remplir, la moindre chose rappellerait en lui le calme de la réflexion, et la surexcitation sentimentale cesserait.

Ainsi, mysticisme et philosophie font des hommes incomplets, ce qui veut dire que ni l'un ni l'autre ne peuvent être base unique d'une institution sociale. Ces abstractions n'existent pas plus que celles de science et de sentiment, mais existeront aussi bien qu'elles, car, dans les beaux-arts on pourra toujours distinguer la partie mystique, d'ordre, d'harmonie, de divin même dans les sujets proprement religieux, de la partie philanthropique, c'est-à-dire de celle qui met le spectateur en rapport direct avec l'humanité.

Mais s'il était possible de combiner le sentiment qui sert de *lien* à tous les rapports sentimentaux directs d'homme à homme, c'est-à-dire la philanthropie avec le sentiment qui sert de *lien* avec tous les rapports sentimentaux directs de l'homme à l'égard de ce qui n'est pas *visiblement* organisé comme lui : en d'autres termes, si l'on pouvait combiner le mysticisme et la morale de manière à donner des forces surhumaines à la dernière et un but surhumain au premier, on aurait alors une véritable institution sociale, car elle régirait les deux grandes abstractions dont se compose l'unité sentimentale humaine.

Tel est le spectacle que nous présentent les religions dans le passé : tel est celui que nous présageons pour l'avenir. Alors le mystique est aussi bien une anomalie que le philanthrope athée, sauf ces différences dans leurs rapports avec les sciences et l'industrie, c'est-à-dire avec le reste de la société :

1° Que le prédicateur mystique favoriserait le perfectionnement des sciences, indépendamment de toute vue d'application industrielle, comme élevant l'âme et menant à la connaissance plus parfaite des œuvres de Dieu ;

2° Que le philanthrope athée, au contraire, prêcherait le perfectionnement des sciences uniquement dans le but de leur application et indépendamment de cette élévation d'âme à laquelle les mystiques s'élèvent par la ferme conviction où ils sont qu'ils étudient les œuvres de leur créateur. Ajoutons encore que le mystique serait sentimentalement disposé à rejeter avant examen toute conception scientifique, toute institution qui tendrait à *nier Dieu sous prétexte d'améliorer le sort de l'humanité;* de même que le philanthrope athée repousserait par sentiment une idée ou une institution qui aurait un résultat fâcheux pour l'humanité, quand bien même on soutiendrait que *telle est la volonté de Dieu*. D'où il résulte que le philanthrope athée n'apparaît que lorsqu'il faut détruire une vieille croyance nuisible à la marche de la société. Quand ce travail est fait, le mystique se réfugie dans les déserts, et là, il crée dans l'exaltation de la prière la croyance qui doit remplacer le scepticisme qui menace d'envahir le monde lorsque les vieilles idoles sont brisées; mais toutes ces spécialités sont, comme je vous l'ai déjà dit, des phénomènes de passage aux époques normales. L'homme est généralement *un,* puisqu'il y a une éducation générale commune; alors l'artiste est religieux philanthrope, car il est sentimentalement en rapport avec l'univers et avec l'homme.

On a remarqué que les écoles philosophiques ont toujours été divisées, à leur origine, en deux parties. Platon et Aristote pour Socrate, et sur une échelle inférieure, Fitchte et Schelling, à l'égard de Kant, nous devaient servir de leçon pour éviter cet écueil. La différence qui nous sépare est, au reste, assez remarquable. Rodrigues, Rouen et moi, nous reconnaissons que l'on peut se placer à deux points de vue différents, et que l'homme, par son action individuelle, contribue, soit d'une manière, soit d'une autre, c'est-à-dire conformément à la manière dont il voit les choses, au mouvement général. Nous avouons que nous sommes placés plus particulièrement à l'un des deux points de vue, mais nous ne nions pas que d'autres puissent se servir de la lunette dont nos yeux ne s'accommodent pas. D'après cela, l'exaltation platonicienne et le rationalisme d'Aristote nous semblent également bons, pourvu qu'on sache les combiner, les *lier quant à leur action sociale,* en leur laissant leur caractère *particulier,* là où ils se prétendent dominants (chez le poëte d'une part, chez le savant de l'autre). Les savants pourront alors être sensibles aux chants du poëte; ils ne *chanteront* pas eux-mêmes; les artistes se tiendront au courant des sciences par l'éducation générale, mais *ne les perfectionneront pas.* — Voilà en quoi consiste cette division de travail que nous voyons dans l'avenir. Nous croyons que nos adversaires se laissent au contraire aveugler par leurs dispositions particulières à voir les choses sous un certain aspect, au point de nier qu'on puisse les voir autrement. C'est se dépouiller de l'impartialité d'une philosophie qui proclame l'égalité des artistes et des savants. Ainsi, ils disent : *Dieu* est une *idée* fournie par la *science* aux *artistes* ou au *sentiment*, comme si on ne pouvait pas dire également : *Dieu* est un *sentiment* dont les artistes ont imbibé la *science*. Non-seulement cette dernière manière d'exprimer la chose me paraît possible, mais nous croyons qu'elle est la seule juste, en ce sens que toute création de l'homme (et Dieu en est toujours une [1]) tient à la disposition au moyen de laquelle nous créons, nous imaginons, c'est-à-dire tient à notre faculté sentimentale. La proposition d'ailleurs serait plus complète si l'on

[1] Aux yeux du philosophe, car aux yeux du sentimentalisme, Dieu est la plus grande réalité; mais pour le philosophe, la *création Dieu* est aussi bien une *nécessité* que la certitude de l'existence de ce que nous touchons, à tel point qu'il est susceptible de *sentir* comment l'artiste peut se mettre en rapport avec cette *création Dieu*, aussi bien qu'il est capable de juger comment le savant observe et coordonne les phénomènes palpables qui affectent ses sens. Le philosophe ne voit dans l'idée création de l'homme aucune idée défavorable, il ne critique pas l'homme sous ce rapport que l'homme se plaît dans les illusions qu'il se crée; au contraire, il jouit avec lui de ses illusions, dont il sent d'ailleurs toute l'importance pour le bien-être de l'humanité. (NOTE D'ENFANTIN.)

disait : DIEU est le *sentiment* correspondant à l'*idée* CAUSE.

Si nos adversaires disaient :

La science a donné l'idée aux artistes, et ceux-ci en auront toujours besoin pour satisfaire leur exaltation qui les porte à se figurer une vie future, des consolations pour les maux soufferts durant cette vie, etc., etc. Donc, quand bien même les savants ne s'occuperaient plus comme autrefois de connaître Dieu et sa volonté, les artistes s'en occuperaient encore ; peut-être verrions-nous alors moyen de rapprocher nos opinions ; mais non ! les savants ne feront plus la conversation avec le bon Dieu qui ne les arrêtera plus dans leurs travaux ; donc le sentiment général religieux n'existera plus, et les artistes ne s'adresseront plus à lui.

Voilà la conclusion de nos adversaires. Nous croyons être plus près de la vérité en disant : Nous ne voyons pas Dieu, et cependant nous concevons qu'on puisse être convaincu qu'on le voit, de même que nous sommes convaincus que nous ne le voyons pas ; parce que, pour être convaincu il y a deux manières qui proviennent de ce que l'on peut regarder les phénomènes comme une transformation de nos sensations, réciproquement nos sensations comme étant le phénomène lui-même.

P. ENFANTIN.

En marge d'une copie de cette lettre, Enfantin écrivit à Sainte-Pélagie en octobre 1832, la note suivante :

Cette lettre est des plus importantes, elle peint très-bien la situation de nos esprits depuis la fin du *Producteur* jusqu'à la date (6 juillet 1827), et cette situation explique à l'avance les scissions postérieures.

XXe LETTRE

A M. RESSEGUIER

Paris, 19 août 1827.

Monsieur, vous me disiez, à la fin de votre lettre du 14 juin, que, désirant faire partir cette lettre par le courrier de ce jour, vous vous voyiez forcé de la terminer, et que vous reprendriez vos observations au point où vous les laissiez. J'attendais donc, pour vous répondre, la continuation de cette lettre suspendue, et cependant j'ai reçu celle du 2 de ce mois, au moment où, craignant que mon silence ne vous parût trop long, j'allais prendre la plume ; je suis enchanté, au reste, d'avoir l'occasion de causer plus longtemps avec vous. — Avant toute réponse aux objections, une chose me paraît claire, c'est qu'une journée de conversation vaudrait mieux que dix lettres. Or, le désir que vous montrez de connaître à fond notre doctrine, et celui que nous avons de nous lier entièrement avec un esprit comme le vôtre, m'engagent de vous proposer le moyen suivant : Votre santé vous force à voyager ; les médecins m'ordonnent un voyage, et je serai en septembre et octobre sur les bords de l'Isère. Partageons la route ; donnons-nous rendez-vous à Montpellier, et là, nous coulerons à fond, en quelques bonnes journées, tout ce que nous pourrons. J'aimerais encore mieux qu'il pût vous convenir de passer l'hiver à Paris ; mes amis me disent qu'ils auraient autant de plaisir que moi à faire votre connaissance, et je serais bien aise de partager ce plaisir avec eux. Répondez, je vous prie, à cette proposition tout aussi sérieuse que celle qui va suivre.

Votre première lettre exige une réponse un peu détaillée. M. Rouen a rempli la première partie de cette tâche, je passe de suite à la seconde. Nous admettons vos objections sur le but social, avec les restrictions suivantes :

1° Le but social peut être présenté sous trois faces ou sous une seule qui les renferme toutes ;

2° Quand il y a une éducation générale commune, l'expression du but est unitaire ;

3° A notre époque, nous devons frapper à toutes les portes, attaquer chaque spécialité, présenter aux artistes, si nous pouvons, un but sentimental pour l'humanité, aux industriels un autre but, aux savants un autre ; de manière toutefois à ce que ces trois buts se confondent en un seul, lorsqu'une image qui les renferme tous pourra être présentée aux masses sans produire de confusion et d'obscurité ;

4° Le but pour lequel la société s'*organisera* est, sans contredit, la *production;* c'est un but constant et définitif : s'organiser le mieux possible sera s'organiser de manière à produire le plus possible ; mais par quelle image pourrait-on rendre sensible la production la plus complète sous le rapport sentimental ou intellectuel ? Peut-être hésiterez-vous à résoudre cette question, tandis que l'exploitation la plus complète du globe a l'avantage de faire naître une idée nette de la plus grande production matérielle possible, production qui, *d'ailleurs,* exige, pour atteindre son maximum, le plus haut degré possible de *science* et le plus grand développement de *sentiment.*

5° De ce que le but *définitif* serait l'exploitation *la plus complète* du globe, il n'y aurait pas lieu d'en conclure, comme vous le faites, qu'à *chaque instant* on dût juger de la civilisation comparée des peuples par leur état industriel *seulement,* car l'exploitation la plus complète du globe n'est présentée comme but *définitif,* que parce qu'il n'est pas possible de l'atteindre autrement que par le développement le plus complet des *trois* facultés.

6° Quand il s'agit d'un point extrême vers lequel on tend sans cesse, le but et le moyen peuvent être confondus sans inconvénient, puisque ce ne serait que l'expression *du moyen* modifié en raison des progrès faits pendant le temps écoulé jusqu'à cette époque définitive, de même que dans une progression numérique, la valeur du dernier terme est l'expression de la *raison* modifiée par le nombre des termes : ainsi, un des moyens, c'est l'exploitation du globe ; le but, c'est l'exploitation la *plus complète* du globe. Direz-vous aussi que l'un des moyens est la connaissance des lois qui régissent les phénomènes, et que le but est la connaissance *la plus parfaite* de ces lois? Vous direz vrai, mais vous n'aurez présenté là aucune image sensible du perfectionnement social.

7° Enfin, nous attachons peu d'importance à ce que l'on indique tel ou tel but pour la société, pourvu que ce but renferme, implicitement ou explicitement, la nécessité du développement des trois facultés, et nous choisissons de préférence celui qui se présente saisissable pour les masses. Nous comprenons qu'on puisse dire : le but social est la satisfaction la plus complète des besoins physiques, moraux et intellectuels, quoique cette expression ne renferme qu'indirectement l'idée du moyen, la *production* qui, elle-même, est un but par rapport à cet autre mot, le travail ; de même on peut dire : le but social est l'association universelle, en démontrant que l'association universelle ne peut avoir lieu que par le développement constant de l'industrie, des sciences et des sentiments ; mais ce qu'il importe le plus de fixer, c'est *le but pour lequel la société doit s'organiser :* les différends buts que l'on peut présenter aux différentes spécialités pour les exciter au travail rentrent dans une question tout à fait secondaire par rapport à celle-ci. Or, vous avez à admettre avec nous que la société doit s'organiser dans *le but* de sa production, c'est-à-dire de la manière la plus favorable au développement des trois facultés humaines ; la seconde question reste donc à résoudre pour vous de la manière qui vous satisfera le plus et que vous croirez la plus convenable pour agir sur les personnes que vous voudrez convertir, et qui auront besoin de s'arrêter sur quelque chose de moins général que ce mot *production.*

Vous n'avez pas saisi ce que nous entendons par les *beaux-arts ;* nous appelons *artistes* les hommes qui s'adressent aux sentiments humains ; le prédicateur, le poëte, s'ils ne sentent pas tous les besoins sympathiques de l'homme, ne peuvent pas agir sur les masses pour les émouvoir. Si vous pensez que nous entendons seulement par les beaux-arts, la sculpture, la peinture et la musique, vous êtes dans l'erreur ; dans le cas contraire, votre objection ne serait pas assez développée pour que je puisse la comprendre.

La classification en *oisifs*, *gouvernants*, *producteurs*, est secondaire; la division générale est : producteurs et oisifs; quant aux *gouvernants*, ce n'est que parce qu'ils dirigent ou administrent que nous disons que leurs fonctions suivent une série décroissante; c'est seulement sous le rapport de leur action répressive et de police; le militarisme et toutes ses ramifications tendent à disparaître, mais il y aura toujours des hommes chargés de la direction et de l'administration des affaires sociales ; producteurs par excellence et dont le sort n'est subordonné à aucune cause de décroissance.

Vous êtes embarrassé pour trouver dans notre doctrine la place de diverses professions; faites attention d'abord à ceci : l'individu social est le chef de la famille. Il est inutile de rechercher si une femme de chambre et un cuisinier sont des producteurs; il est également peu important de savoir si un homme appartient précisément à la classe des savants, des artistes ou bien à celle des industriels, s'il n'est pas alternativement et quelquefois dans la même journée, artiste, savant ou industriel. Le médecin est un ingénieur comme le constructeur de ponts ou le géographe qui font des plans et des cartes au lieu d'ordonnances ; il applique la science pour prévenir ou guérir les maux de l'humanité. Le *professeur* est dans le même cas : il est ingénieur comme le médecin des fous; l'un soigne les esprits en bonne santé, et l'autre les esprits malades; l'accoucheur, le dentiste, etc., sont également des ingénieurs appliquant la science à l'utilité immédiate de l'homme. Faire de la science ne consiste pas uniquement à découvrir des choses nouvelles. Le corps savant est toujours divisé en deux parties: l'une chargée du perfectionnement des théories, l'autre de l'application des connaissances acquises et particulièrement de l'enseignement. Vous ne pouvez croire que nous appelions ces hommes utiles des producteurs, dites-vous. Pourquoi non? Le mot *producteur* paraît renfermer dans votre esprit l'idée de découvertes, de nouveautés; ce n'est pas juste, ce serait restreindre son acception qui est de beaucoup plus large; il n'y a rien de nouveau à produire du grain, en labourant et semant; c'est cependant produire. Semer dans les esprits les connaissances recueillies précédemment, et les faire germer, c'est produire.

Vous vous excusez de ce que vos objections sont minutieuses; nous nous en félicitons puisque vous êtes d'accord sur les idées principales, et nous vous faisons notre sincère compliment sur la rapidité avec laquelle vous avez saisi les bases principales d'une doctrine que nous avons tous trouvée difficile à étudier, et qui a rencontré jusqu'à présent tant d'obstacles chez les hommes que notre siècle regarde comme assez forts.

Vous recevrez bientôt un envoi de livres de l'école dont nous pouvons disposer; les libraires Sautelet et Cie y joindront une facture qui vous servira de guide dans le placement que vous pourrez faire de ces ouvrages pour notre compte.

J'attends encore ici votre lettre sur le pouvoir spirituel, la baisse progressive de l'intérêt et le système des emprunts. Je ne partirai probablement pas avant le 5 septembre. Alors, écrivez-moi, je vous prie, chez MM. Nugues père et fils, à Romans (Drôme), et donnez-moi là rendez-vous pour le courant d'octobre, à Montpellier, ou, si vous avez le temps et le besoin de faire un plus long voyage, poussez jusqu'à Romans; j'y serai dans une famille qui sera enchantée de vous recevoir. Adieu, mon cher Monsieur; recevez la nouvelle assurance du plaisir que nous font éprouver nos relations philosophiques, et croyez à mon sincère dévouement.

P. Enfantin.

P. S. Je joins à ma lettre la note sur la civilisation de la Turquie et de l'Asie. S'il vous restait encore quelques doutes à éclaircir sur ce point, adressez vos observations à M. Rouen.

NOTE DU PÈRE ENFANTIN

SUR LA CIVILISATION DE L'ASIE

19 août 1827.

1° La civilisation de l'Asie est-elle stationnaire ou même rétrograde? Si cela était, comment la raccorder avec le principe général de la perfectibilité, ou du développement constant de l'espèce humaine?

L'organisation physiologique des races et les circonstances climatériques auxquelles elles sont soumises, paraissent déterminer l'ordre de civilisation sous les deux conditions principales que voici :

1° La race la mieux organisée (toutes circonstances climatériques égales) se civilise la première, et dès lors arrête le développement des races inférieures, qu'elle subjugue, qu'elle *apprivoise*, qu'elle assimile aux animaux domestiques jusqu'à ce que l'association soit comprise et admise ;

2° Les peuples situés de manière à ce que leurs besoins primitifs soient facilement satisfaits, se développent plus lentement (toutes circonstances d'organisation physiologique étant les mêmes), ou plutôt font plus difficilement le pas nécessaire pour sortir d'une civilisation grossière, qu'ils atteignent cependant les premiers, mais dont les besoins toujours pressants ne les forcent pas à sortir.

Depuis que les peuples européens ont été placés en tête de la civilisation, depuis le XIe siècle, c'est-à-dire dès que les Européens ont pris pour point de départ les travaux des Arabes, les peuples d'Asie sont restés stationnaires ; d'où il résulte, en combinant ces deux principes, que les peuples le mieux organisés et les plus favorisés par le climat atteignent le plus vite le point le plus élevé de l'organisation sociale primitive (constitution théocratique), tenant les autres peuples dans l'esclavage.

P. E.

En marge d'une copie de cette note, Enfantin écrivit, dans sa prison de Sainte-Pélagie en 1832, les réflexions suivantes :

Cette note, toute incomplète qu'elle était, est restée pendant toute la durée de notre développement théorique comme témoignage de l'impuissance où nous étions, nous, fils de chrétiens, de faire autre chose dans nos travaux historiques que l'enchaînement de l'histoire chrétienne ; toujours le problème relatif à l'Orient nous a été posé, et pourtant il n'existe aucun travail à ce sujet parmi tous nos écrits ; Saint-Simon aussi avait à peine touché cette face de la vie humaine ; Comte, après lui, n'a guère parlé de l'Orient que pour en rattacher le développement aux progrès de la science par les Arabes. Ce silence n'est-il pas une justification bien visible de notre foi sur l'union intime de ces mots ORIENT et CULTE ? De même qu'en Orient le *dogme* nouveau s'élaborera peut-être comme développement des livres de l'Inde, et le culte nouveau des fils de Mahomet s'inspirera encore de nos vieilles cathédrales.

Sainte-Pélagie, 30 décembre 1832.

XXIe LETTRE

A RESSEGUIER

Romans, 4 octobre 1827.

J'ai reçu votre lettre du 23 septembre, mon cher Monsieur. J'y réponds en commençant par les points de doctrine ; nous parlerons ensuite du voyage proposé.

Vous comprenez la littérature et la prédication dans la série des beaux-arts et vous avez raison. Mais vous faites cette objection : on peut concevoir les beaux-arts en progrès et exerçant une funeste influence sur les mœurs. Cette objection ne se présenterait pas à votre esprit, si vous faisiez la distinction suivante : les beaux-arts se composent des sentiments qu'ils expriment et de la *manière* dont ils les expriment ; ou autrement et vus d'une manière plus générale, on peut observer en eux le *but* (qui se confond avec le résultat aux yeux du philosophe) et les *moyens*. Les moyens éprouvent, pendant le cours de chaque période philosophique, une série de variations qu'il est possible sans doute d'observer et de coordonner de manière à en déduire une loi qui servirait à prévoir l'ordre suivant lequel les beaux-arts dans l'avenir se perfectionneront sous le RAPPORT TECHNIQUE. Cette question est secondaire ; mais il n'en est pas ainsi du travail semblable qu'il y aurait à faire sur *le but*, c'est-à-dire sur la matière même des beaux-arts, sur le sentiment. Je crois inutile d'entreprendre de vous tracer la série des sentiments sociaux. Il me suffit de vous faire sentir que, lorsque vous avez dit que les progrès de la littérature pouvaient concourir à la démoralisation, vous confondiez les deux séries en une seule, ou bien vous cherchiez le lien qui peut exister entre elles, c'est-à-dire la relation du progrès des moyens ou du *technique* comparé à celui du but ou du *sentiment*, ce qui est encore une question secondaire dont la solution ne nuit en rien au principe général *du développement progressif des sentiments*, et qui ne peut même être traitée, que lorsque le problème principal est résolu. Les progrès *du technique* dans les beaux-arts peuvent donner lieu à un beau travail historique qui serait une refonte de l'ouvrage de Winckelmann, considérablement augmenté par l'adjonction de la littérature ; mais ce ne serait pas encore là un travail sur *les sentiments* pour lesquels ce technique n'a été et n'est jamais qu'un moyen de propagation.

L'exactitude que vous voulez mettre pour classer les gens de police, soit dans les producteurs, soit dans les non-producteurs, ne sert pas à grand'chose, du moment que vous admettez leur décroissement progressif. Nous les appelons *surveillants;* appelez-les, si vous voulez, *non-producteurs surveillants*, de même que vous nommeriez un homme qui ne fait rien *non-producteur oisif*, nous dirons simplement un surveillant, un oisif, et il est entendu pour nous que ce sont des *non-producteurs, à titres différents*. Tâchez de ne plus mêler l'idée vague d'*utile*, avec l'idée positive de *production*.

Le pouvoir spirituel *catholique* a comprimé, dites-vous, à l'époque de la décadence, les progrès de la civilisation ; un nouveau pouvoir spirituel, une fois *solidement organisé*, *pourrait* l'égarer et entraver la civilisation au lieu de la servir ; tel est votre raisonnement. Les faits sur lesquels vous appuyez ensuite l'opinion de la possibililé de se passer, dans l'avenir, d'un pouvoir spirituel, sont: 1° les États-Unis, et 2° les progrès des sciences parvenues à l'état positif, sans constitution de corps savants.

1° Votre raisonnement porte sur une analogie entre le pouvoir spirituel de l'avenir et celui du passé ; ce serait très-bien si vous établissiez l'analogie là où elle existe, c'est-à-dire d'abord sur le fond, ensuite, sur la correspondance de périodes de temps semblables; au contraire, le catholicisme *mourant*, retenait la civilisation, dites-vous; donc le pouvoir spirituel de l'avenir *pourra* l'entraver quand il sera *solidement organisé*, c'est-à-dire dans son état de vigueur. Cette conclusion n'aurait de poids que contre vous, elle est vicieuse en tous points.

2° Cette question doit être traitée directement, comme vous le dites; il est difficile sans cela de repousser les objections. Voici cependant quelques explications sur les deux faits que vous citez à l'appui de votre opinion: les progrès des sciences parvenues à l'état positif, étant libres de toute direction d'ensemble, et la position des États-Unis.

L'établissement d'un pouvoir spirituel et d'une nouvelle direction temporelle, en un mot, une réorganisation politique ne nous paraît pas la cause indispensable qui doit faire de la politique une science positive. La politique peut arriver à cet état, comme la chimie, par les travaux de quelques hommes isolés et même pendant une époque d'indépendance complète chez les savants. Quant aux États-Unis, vous dites vous-même que l'état d'anarchie et de confusion dans les idées et les sentiments doit aller en s'affaiblissant et qu'il sera remplacé par l'harmonie que désirent les esprits éclairés. Cette harmonie sera due sans doute à un accord unanime sur une idée générale, commune, telle, par exemple, que celle du but social ; or, lorsqu'on sera d'accord sur le but, cela ne suffira pas encore pour que les masses soient entraînées régulièrement dans cette direction, ou du moins en supposant même possible que chaque individu ne perdît jamais entièrement de vue le but social ; on conçoit aisément que ce but serait plus constamment présent aux yeux des hommes qui s'occuperaient *spécialement* des faits *les plus généraux*, tandis qu'il devrait cesser de frapper la vue de ceux qui seraient plongés dans le détail des petites misères individuelles.

Vos craintes sur les entraves que le pouvoir spirituel de l'avenir mettrait aux progrès de la civilisation, tiennent sans doute à quelque idée que vous vous êtes formée de l'organisation du pouvoir spirituel. Je pense que vous n'aurez pas assez tenu compte des différences que doit apporter dans sa constitution comparée à celle du catholicisme, cette seule idée : *l'humanité est perfectible*, c'est-à-dire se développe dans le sens de l'amélioration progressive du sort physique, moral et intellectuel du plus grand nombre. Avec un pareil dogme politique, comment imaginer un clergé rétrograde ou même stationnaire, mettant l'éteignoir sur le flambeau des sciences et soufflant le feu de la discorde, comme celui de Bérenger, pour rallumer les bûchers.

Je n'entreprendrai pas ici le développement de la série historique relative aux pouvoirs sociaux ; réfléchissez-y sans préoccupation critique, ne vous servez pas, si cela vous offusque, du mot *pouvoir;* examinez seulement, si, dans une association de travailleurs qui exige une grande division de travail, il n'est pas nécessaire d'avoir un chef qui combine les efforts pour les faire concourir vers un même but, celui pour lequel la société serait formée; ensuite voyez si l'histoire ne vous montre pas qu'en effet, à chaque époque normale, les intérêts généraux, spirituels et temporels, ont été constitués, et voyez enfin le progrès que ces constitutions successives du corps ou des corps dirigeants présagent pour l'avenir. Au reste, faites-moi, je vous prie, d'autres objections plus fondamentales, prouvez-moi, par exemple, que l'histoire, et non les États-Unis, indique clairement qu'il n'y aura pas de corporation chargée à l'avenir de la direction morale et intellectuelle de la société; si vos preuves sont bonnes, je suis sûr de les faire servir à démontrer qu'il ne doit pas non plus y avoir de direction quant au temporel, ce qui, je crois, vous paraîtra une absurdité palpable.

Je n'ai en double ni l'*Organisateur* ni l'*Industrie;* je ferai mon possible de vous procurer l'un et l'autre à Paris; ce sera assez facile pour ce dernier. On trouve encore chez Renouard le *Système industriel*, un volume in-8°, 4 fr. 50 c. Je vous en enverrai un exemplaire. Si vous voulez connaître *l'Introduction aux travaux scientifiques du XIXe siècle* et les Mémoires manuscrits sur la *Science de l'homme;* vous viendrez à Paris, nous n'en avons qu'un exemplaire complet, chez Rodrigues ; je chercherai aussi à vous procurer la *Politique* et la *Réorganisation de la Société européenne;* mais je crains de ne pouvoir les trouver.

Votre projet ne peut malheureusement pas m'aller; je retourne à Paris, avec toute la famille au milieu de laquelle je suis, voilà pourquoi je vous parlais de Montpellier ou de Romans. Je connais déjà le Midi, et ce n'était pas pour votre beau canal que j'aurais fait le voyage. Nous remettrons donc à une autre époque le plaisir de faire notre connaissance réciproque.

Nous verrons à Paris votre ami ; Rouen aura un double plaisir, s'il reçoit par lui une lettre de vous.

Vous avez encore, dites-vous, quelques objections à faire sur les explications relatives au but social ; remarquez que je pourrais dire, sans m'exposer, je crois, à être contredit par vous, que le but social dans le passé était la conquête ou l'exploitation de l'homme par l'homme, c'est tout aussi matériel que l'exploitation du globe dans l'avenir ; mais cela présente l'avantage d'être d'une plus grande utilité que tout autre but moral que je pourrais prendre, même les récompenses de la vie future, que je trouverais d'ailleurs empreintes des mêmes sentiments d'hostilité de l'homme contre l'homme. Exploiter son prochain, exploiter le globe, voilà les deux buts politiques les plus nets qu'on puisse présenter à l'activité humaine.

Adieu, mon cher Monsieur ; répondez-moi, je vous prie, à Romans, j'y passerai tout le mois ; je suis désireux de voir vos réflexions sur la baisse progressive du loyer *des places et des instruments* (ce qui est plus net que les *objets immobiliers* et mobiliers) et sur les emprunts. Cette dernière question, plus secondaire, n'est pas cependant sans intérêt, considérée comme moyen.

Je suis tout à vous bien sincèrement.

P. Enfantin.

Il paraît que les médecins vous en veulent

comme à moi, et qu'ils vous défendent cet air de Paris, empesté de miasmes scientifiques et autres; vous prenez comme moi des fumigations de l'air épais de province; c'est quelquefois dur à digérer, cependant on aime à vivre de doctrine.

P. E.

XXIIE LETTRE

A HOLSTEIN

5 novembre 1827.

Tu ne me dis pas tout, mon ami, mais ta lettre est assez claire; c'est encore à toi que j'ai recours, songe pour moi à père et mère.

Va voir Camille à la Caisse d'amortissement; si personne à la maison ne sait encore cette affreuse nouvelle, prie de voir si Mme Sibert est à Paris (rue Martel, n° 5); c'est la personne qui pourra rendre le plus de soins à ma mère en pareille circonstance; je ne sais que faire, dois-je aller pleurer avec ma mère, ou pleurer comme je le fais ici? Donne-moi un conseil. Ta lettre est bien terrible! heureusement elle m'a trouvé mieux portant que je ne l'ai été depuis un an. Pauvre Auguste! peut-être m'as-tu dit tout ce que tu savais; il n'en est pas moins perdu. Entends-toi avec Camille pour que deux amies de maman soient vite près d'elle quand on le lui apprendra. Mme Sibert et Mlle Aglaé sont ces deux personnes; Camille recevra en même temps que cette lettre un mot de ses sœurs. Surtout arrangez-vous, s'il est possible, pour ne pas porter trop rapidement ce funeste coup. Commencez par des inquiétudes sur le long silence d'Auguste; faites tout ce que vous pourrez pour faire traîner en longueur; la tête ne supporterait pas un pareil malheur annoncé brusquement.

J'attends ta lettre de demain avec l'impatience possible, quoique je n'espère rien. Dis-moi ce qu'il faut que je fasse, mon pauvre ami; tu as cette année toutes les charges de l'amitié; je t'embrasse et t'aime pour moi et pour ce pauvre ami.

P. E.

XXIIIe LETTRE

A HOLSTEIN

Curson, 7 novembre 1827.

Voilà, mon ami, un mot pour mon père; je veux que ma mère ait presque chaque jour des nouvelles de ma santé, jusqu'à mon arrivée, qu'elle n'ait pas d'inquiétudes à ajouter à sa douleur. Cette affreuse nouvelle est souvent encore pour moi un songe. Ce pauvre ami, quelle triste fin! Je crains de ne plus recevoir de lettres de toi ici, parce que tu me croiras parti. On ne voulait pas ici que je précipitasse mon voyage, et surtout que je partisse seul; une de mes cousines m'accompagne et j'en suis bien aise pour ma mère, car elle sera pour elle une bonne consolation. Comme cette lettre nous a accablés ici! Heureusement pour mon retour, j'étais très-bien aujourd'hui. Je ferai ce voyage avec tous les soins possibles, et je pense bien ne pas souffrir, et ne pas affliger encore ces bons parents en leur ramenant leur fils, leur seul fils souffrant et faible. Mon pauvre ami, je te recommande encore Ménilmontant. Fais-les revenir à Paris, si tu vois que mon père ne se remet pas, au bout de quelques jours, à travailler son jardin.

Adieu ; voici un mot pour Mme de Saint-Hilaire que je suppose près de maman. Je lui dis de disposer de toi comme de moi-même pour tout ce qu'elle jugerait utile en ce moment pour père et mère.

Tout à toi, mon bon ami.

Je rouvre ma lettre, pour te dire que je reçois celle de papa qui me tranquillise et me fait du bien. Combien tout cela est affreux ! Pauvres parents ! ils se contraignent pour moi.

P. E.

XXIVe LETTRE

A RESSEGUIER

Paris, 30 décembre 1827.

De pénibles devoirs m'ont empêché de répondre à la lettre que vous m'avez écrite à Romans, mon cher Monsieur ; quelques jours après sa réception, au moment où je prenais la plume pour vous écrire, j'ai reçu la nouvelle de la mort d'un frère chéri. Je suis reparti promptement pour venir près de mon père et de ma mère désolés. Ma santé n'avait pas besoin de cette secousse, j'en ai souffert beaucoup. Enfin, je suis mieux maintenant et depuis quinze jours même je suis tout à fait rentré dans la ligne ascendante.

J'avais prié Rouen de me remplacer dans notre correspondance. Il a fait une note très-étendue sur les nouvelles objections que vous lui faites sur l'Orient, mais d'autres occupations sont venues à la traverse et l'ont forcé à suspendre encore la réponse. Enfin, pour ne pas vous faire attendre plus longtemps de nos nouvelles, j'ai pris la plume pour causer quelques instants avec vous.

Votre lettre soulevant plusieurs questions, outre celles qui concernent particulièrement l'ami Rouen, il faudra presque un volume pour vous répondre, mais vous l'aurez. Un de nos amis, Péreire, s'en occupe ; la note de Rouen, analysée par un autre disciple de l'école, M. Sarchi, y sera jointe ; enfin peut-être, si j'en ai le temps, y ajouterai-je aussi quelques mots.

Pour ne pas vous accabler d'un port énorme, je profite de l'envoi de quelques livres, j'y joindrai ce gros paquet, et la diligence vous portera le tout ; cela partira, je pense, vers le 10 janvier.

Je ne peux pas trouver le *Réorganisateur*, l'*Organisateur* et l'*Industrie* ; ces ouvrages ne s'achètent que de rencontre et c'est le diable pour tomber dessus ; le *Système industriel*, au contraire, est chez Renouard, libraire; je vous envoie trois exemplaires pour lesquels je vous débite de 13 fr. 50 c.

J'y joins aussi trois exemplaires d'un ouvrage d'un homme que vous connaissez par le *Producteur* (Laurent) et qui fait, comme vous en jugerez vous-même, de bonnes escarmouches sur le public pour la doctrine. Vous ne verrez pas dans cet ouvrage la doctrine sous sa forme scientifique, telle qu'elle apparaît dans le *Producteur*; vous n'y trouverez pas à la rigueur les démonstrations que vous pourriez peut-être désirer pour vous en particulier ; mais je crois que vous y verrez quelques bons os à ronger pour le public libéral. Je vous dirai par ma première lettre combien coûtent ces trois volumes. J'oubliais de vous dire que l'ouvrage est *la Réfutation de l'Histoire de France de Montgaillard*.

Un de nos amis a traduit l'ouvrage de Bentham sur l'usure. Il y a une introduction de lui (c'est Bazard) qui est très-bonne et sans contredit meilleure que le volume de Bentham. Je ne vous l'enverrai qu'autant que vous le trouverez agréable. L'introduction traite de l'*intérêt*. Le même Bazard vous adresse, par l'occasion des livres que je vous annonce, le prospectus d'une entreprise littéraire touchant la doctrine et qui serait pour ainsi dire une continuation du *Producteur* ; il y joindra les détails nécessaires pour que vous soyez au courant de ce nouvel effort de l'École.

Je vous remercie et nous vous remercions

tous de la connaissance de M. Barrault ; c'est un charmant garçon ; nous le faisons piocher autant que ses occupations le lui permettent. Nous lui avons fait lire le grand De Maistre, ce superbe débris du catholicisme. Barrault a aussi les ouvrages de l'École.

Vous m'enverrez l'argent des *Producteurs* placés, avec le montant de ces ouvrages que je vous adresserai par la diligence.

Maintenant quelques mots sur l'avenir de notre correspondance. Vous verrez par l'énorme paquet que vous recevrez en réponse à votre lettre, combien nous désirons lever les derniers doutes qui peuvent vous arrêter. Maintenant si vous continuiez, nous finirions par être obligés de faire chaque fois un volume de plus en plus gros, sans qu'il en résultât un grand avantage. Je crois que nous pourrions pour un moment intervertir les rôles, et je vais vous interroger à mon tour.

Vous comprenez la méthode historique et vous savez qu'avec cette méthode on peut vérifier la loi du développement de l'espèce. Voilà votre *Novum Organum* : vous nous avez fait des questions plus ou moins importantes que nos réponses n'ont peut-être pas toujours résolues d'une manière qui vous satisfît complétement; malgré cela, elles vous ont servi à écarter quelques doutes sur le sens précis que nous attachons aux mots que nous employons et même sur l'appréciation de quelques-uns des phénomènes humains. Maintenant procédez par ordre au moyen de votre *Novum Organum*, faites-vous un plan d'étude et communiquez-le-moi ; en d'autres termes, indiquez-moi à grands traits comment, avec la méthode que vous avez et avec la loi que vous connaissez du développement de l'espèce humaine dans ses trois directions, vous vous figurez que doivent se classer les faits sociaux, c'est-à-dire donnez-moi, par masses, l'état statistique de quelques époques qui vous paraissent avoir certains caractères particuliers de la plus haute généralité, et montrez-moi le lien qui rattache ces époques les unes aux autres. Si ce travail vous paraît trop vaste, bornez-vous à une spécialité. Examinez quelques-unes des séries générales telle que celle-ci : série des non-producteurs sous le rapport de leur influence politique ; ou bien examinez une question comme celle de l'éducation ; ou bien encore cherchez les pas principaux faits par le sentiment philanthropique ; descendez plus bas, traitez la question de l'*amour*, ou bien remontez un peu et examinez la série des femmes dans leurs relations d'épouses et de mères; enfin appliquez votre méthode pour voir si elle est trompeuse; il est temps, je vous assure, d'agir ainsi. Vous n'avez presque que du temps à perdre en attendant toujours de nous des éclaircissements : vous avez la tête trop bien organisée pour qu'elle vous refuse (peut-être, il est vrai, plus lentement que les nôtres qui ruminent depuis longtemps ce sujet) les solutions que vous lui demandez. Prenez ensuite un autre moyen, cherchez à faire rentrer un fait du passé, pourvu qu'il ait quelque importance, dans la série spéciale et au rang qui lui convient; enfin faites ce que vous feriez en histoire naturelle, en physiologie, si vous vouliez poursuivre avec ardeur des découvertes dans le champ de ces sciences. Je pense bien que vous faites maintenant des essais de ce genre et que c'est en opérant ainsi que vous rencontrez sur votre passage des doutes; il vous en restera peu d'importants, je crois, après le gros paquet que je vous adresserai ces jours-ci. Peut-être aurez-vous encore besoin de quelques explications sur la propriété; cependant j'en doute; ce sera clair et précis ; d'ailleurs nous sommes toujours là, et cette lettre n'est pas faite pour vous engager à cesser la correspondance ; au contraire, je désire lui donner plus d'activité et produire plus vite de bons résultats, et pour cela il faut passer de la réflexion à l'action, parce que c'est le seul moyen de connaître toutes les ressources de la méthode et de comprendre parfaitement sa valeur.

Je ne sais si Pereire traitera dans sa réponse votre objection contre le système d'emprunt substitué à celui des impôts, mais il suffit de quelques mots. Cette substitution n'est indiquée que comme moyen *transitoire*, puisque l'idée d'emprunt ne saurait présenter de sens lorsque l'intérêt est à zéro (état normal de l'avenir suivant nous). Les craintes des grandes catastrophes financières que vous manifestez équivalent à ce raisonnement. Un peuple a de grandes relations commerciales maritimes, il les augmente encore beaucoup, porte sa marine de mille vaisseaux à deux mille ; un politique lui dit : Vous avez tort, car une guerre peut aujourd'hui vous détruire deux mille vaisseaux, elle n'aurait pu autrefois en détruire que mille. Ce raisonnement, dis-je, est le vôtre, car si le système d'emprunt substitué aux impôts permet d'augmenter plus rapidement la richesse ; s'il tend à faire baisser le taux de l'intérêt et, par conséquent, à gâter le métier d'oisif; s'il facilite l'établissement des moyens d'ordre correspondant au développement du travail, non-seulement il prépare d'avance les trésors qui devront faire supporter les grandes catastrophes, mais encore il les éloigne en rendant les événements humains plus dépendants de la volonté des hommes les plus intéressés à l'ordre. Quant à la baisse de l'intérêt, Pereire vous en parlera, en vous exposant ses principales idées sur la propriété.

Adieu, mon cher Monsieur; qu'il me tarde de voir que votre santé vous permette de venir nous visiter! Pereire vous enverra une bonne démonstration de l'inévitable nécessité d'un pouvoir spirituel. Eh bien, si vous étiez ici, nous vous montrerions dans Saint-Simon cinquante démonstrations aussi belles de ce grand théoricien ; mille amitiés, compliments de la part de tous nos amis.

P. Enfantin.

XXVe LETTRE

A RESSEGUIER

J'avais fait la note que vous envoie Pereire sur les emprunts, longtemps avant d'avoir lu la lettre où vos doutes sont exposés, et cette note ne répond pas aux objections qui vous arrêtent, ou plutôt elle passe dessus avec trop de promptitude, par la raison que nous avons eu souvent à répondre à l'illusion qui vous offusque, et que j'ai pris cela comme chose jugée souverainement.

Ainsi, je dis que l'emprunt facilite l'accroissement des capitaux, puisqu'il est un moyen d'appeler pour les charges publiques les capitaux le plus mal employés, et qu'il dérange, par conséquent, le moins possible les travaux de l'action, et j'ajoute : *Cette première partie n'a pas besoin de démonstration*. Votre lettre à Pereire me fait voir qu'elle en a encore besoin. Vous dites : Si le gouvernement renonce à l'impôt, qu'arrive-t-il? Il fait cadeau d'un million aux

Français sur lesquels l'impôt pesait. Quel usage en feront-ils ? Vous cherchez à montrer qu'il sera consommé en très-grande partie improductivement. D'abord vous ne regardez pas assez simultanément le résultat de l'impôt et celui de l'emprunt qui le remplace ; mais j'ai tort de vous réfuter, je dois exposer, cela vaut mieux.

L'impôt frappe des oisifs et des travailleurs ; il leur prend une partie des produits qu'ils consacraient, les uns *probablement* à augmenter leur luxe, les autres probablement à accroître leurs produits (je mets probablement, parce que les fonctions d'oisif et celles de travailleur donnent des habitudes dont nous connaissons les résulats probables : les uns se vautrent, les autres travaillent). Les emprunts appellent les capitaux le plus mal employés, car ils offrent un intérêt qui détermine les souscripteurs de l'emprunt à placer leurs fonds qui leur rapporteraient moins ailleurs ; leur résultat est donc de prendre chez les oisifs les fonds qu'ils veulent bien ne pas manger, pour les *capitaliser,* comme cela s'appelle. Quant aux travailleurs, l'emprunt ne leur demande rien de ce qui pourrait leur être utile pour accroître leur production, car il n'en est pas un qui soit assez sot pour mettre en rente sur l'État les fonds qui lui sont nécessaires pour son commerce ; d'autant plus que l'emprunt se fait toujours au taux à peu près le plus bas de tous les emplois de fonds, et que l'emprunt ne *force* personne. En abandonnant l'impôt pour l'emprunt, le gouvernement retire donc plus de capitaux aux oisifs ; il leur laisse, par conséquent, moins de moyens de se goberger, et il laisse plus d'instruments aux travailleurs, ce qui leur permet de produire davantage ; je dis qu'il *retire* aux oisifs, c'est-à-dire qu'il les allèche par le poids d'un intérêt ; or, ce sont surtout les oisifs qu'il faut convertir à l'économie, car ils mangent toujours trop. L'impôt force tout le monde à l'économie, nous dit-on; oui, sans doute, car les garnisaires nous conduisent même jusqu'à ce logement économique nommé hôpital ; l'emprunt engage à l'économie les oisifs surtout, parce qu'il y a peu de danger à s'en rapporter à l'économie des travailleurs, et à leurs travaux pour augmenter la richesse publique, et pour fixer leurs jouissances à proportion des primes qu'ils se donnent. Pris en masse, les travailleurs sont à la diète, les oisifs ont des indigestions quotidiennes ; l'emprunt diminue d'une part leur garde-manger, et la baisse de l'intérêt les purge de temps à autre, ainsi que les faillites ; tout cela est nécessaire pour leur santé. Maintenant revenons au compte que vous faites. Si l'annulation de l'impôt fait un cadeau aux contribuables, la création de l'emprunt retire ce cadeau. Il est vrai qu'il n'est pas rendu par les mêmes individus, ni dans les mêmes proportions ; mais comme l'impôt prenait à tort et à travers, sans regarder si la production était gênée par ce prélèvement, et que l'emprunt ne prend pas, mais reçoit ce qu'on veut bien lui donner, il en résulte que ceux qui étaient vexés de se dessaisir de matériaux utiles que l'impôt leur prenait, les gardent dans leurs ateliers ; nous, nous supposons que le gouvernement trouve par l'emprunt la même quantité d'objets nécessaires à sa consommation, et que lui procurait l'impôt ; donc, l'emprunt attire non-seulement les matériaux des personnes que l'impôt ne vexait pas, mais encore, par ce moyen, on obtient que ces mêmes personnes consentent à livrer au gouvernement des produits que l'impôt ne leur prenait pas, qu'il aurait pu leur prendre sans les gêner, sans entraver leurs travaux, sans les mener à l'hôpital : or, ces personnes si bien pourvues, que l'impôt vexe le moins, qui ont toujours des réserves auxquelles

elles peuvent ne pas toucher sans mourir de faim, ce sont les bienheureux oisifs, ce sont donc eux qui, par l'emprunt, fournissent *directement* tout ce qui est nécessaire aux dépenses publiques, tandis que, dans le système d'impôt, les travailleurs eux-mêmes, ces pauvres travailleurs qui ont tant de peine à faire consentir les oisifs à vouloir bien leur permettre de travailler pour eux; les travailleurs, dis-je, se saignaient pour fournir leur contingent dans les dépenses publiques. De là il résulte que, loin d'augmenter les dépenses improductives généralement faites par les oisifs, l'emprunt leur en ôte les moyens et fournit au contraire aux travailleurs ceux que l'impôt leur enlevait, et qui peuvent être employés reproductivement.

En voilà trop sur ce sujet, je pense, pour lever vos doutes, mon cher Monsieur; vous avez foi dans la doctrine et vous n'avez pas tort; vous pouvez marcher la tête droite; si vous rencontrez des pavés sur votre route, soyez sûr que vous pourrez toujours les enjamber sans vous casser le nez.

Vous me faites grand plaisir en me parlant de votre société de Castelnaudary; je compte beaucoup sur l'influence que vous devez, vous et vos amis les médecins, y exercer bientôt, et ce peut être une bonne succursale de la grande Église de Paris.

Le Dictionnaire philosophique avance peu; cependant Bazard s'occupe de rédiger l'introduction, indispensable pour faire préalablement connaître le but de cet ouvrage, et les moyens que nous emploierons pour présenter nos idées.

Mais ce qui, philosophiquement, est plus important pour nous, c'est la reprise du *Producteur:* nous nous en occupons également; et, comme ici il n'y a rien à gagner encore, c'est une entreprise difficile à monter, quoique les fonds nécessaires pour cette entreprise soient bien peu de chose : dix mille francs assureraient l'entreprise pour deux ans; pour cela, il nous a fallu nous assurer d'abord d'un nombre suffisant de rédacteurs gratuits comme nous l'avons toujours été, qui ne nous laissent pas sur les bras un fardeau aussi lourd que celui que nous avons porté à cinq, ou plutôt à quatre (l'un de nous étant toujours malade), pendant les six derniers mois du *Producteur.* Cette charge, nous l'avons supportée, j'ose le dire, miraculeusement; je défie, quand on a l'idée des difficultés que présente l'exposition d'une nouvelle doctrine, qu'on ne pense pas que la plus grande partie des numéros du *Producteur* mensuel existait, préparé à l'avance dans nos cartons; nous ne voulons plus, nous ne pouvons plus faire un pareil travail, et nos deux années de repos ont été employées à former de bons élèves, d'utiles collaborateurs, tels que Pereire, tels que vous, car nous comptons sur vous maintenant, plus peut-être que vous n'y comptez vous-mêmes. Barrault est également à nous ; des réunions suivies, dans lesquelles Bazard a exposé scientifiquement les points culminants de la doctrine, nous ont amené quelques hommes ; enfin, notre personnel est préparé, et c'était le point difficile, puisque, quel que soit le sort des disciples, les apôtres ne manquent pas. S..... devait faire un travail pour vous, mais S..... est un demi-apôtre que les intérêts de cœur absorbent depuis quelque temps; dans quelques mois il se marie : il n'y a rien à faire de lui pour le moment; il fait une infidélité à l'amour sacré de la vierge saint-simonienne; il met de l'eau dans son vin qui était assez pur, il s'est condamné à ne distribuer que de la piquette à l'humanité, nous qui voulons l'abreuver de nectar. Nous ne voyons qu'avec peine MM. Guizot et Cousin débiter leurs drogues dans leurs cabarets; une vieille science n'est bonne pour préparer les esprits à en recevoir une nouvelle, que pour les gens qui la sentent assez à fond pour en reconnaître les contradictions, les absurdités, et ces gens-là sont peu nombreux. Guizot et Cousin, avec leur absolu constitutionnel et leur absolu philosophique, magnétisent les jeunes gens et nous opposent constamment des obstacles. La foi dans leur ontologie est difficile à déraciner, précisément parce qu'elle résulte, non pas des démonstrations qu'ils donnent, mais de l'espèce de combinaison mystique de sons avec lesquels ils charment leurs auditeurs. Qu'un froid raisonneur, qu'un sceptique rigoureux, qu'un matérialiste grossier, bien grossier, fasse de l'histoire ou de la philosophie, nous ne dirons rien; il serait peu écouté, et d'ailleurs ses élèves, habitués à la foi dans la rigueur du syllogisme, examineraient, discuteraient avec des armes *positives;* mais que dire à un homme qui converse avec le MOI et qui a trouvé l'absolu? Au reste, j'ai tort sans doute; les études ontologiques doivent peut-être précisément, pour faire plus rapidement triompher la doctrine, avoir des représentants réputés vigoureux champions. Qu'une bonne lance les désarçonne, et les cris de victoire seront plus bruyants, plus unanimes. Je me propose, dans le travail que je ferai sur les sentiments, travail qui sera analogue à la conversion de saint Augustin, de faire jouer aux ontologistes le rôle des manichéens des premiers siècles de l'Église. Lorsque saint Augustin a vu l'ignorance de Faust, le Cousin des manichéens, sa conversion a été faite; et cependant leurs rêveries l'avaient longtemps charmé. Si vous n'avez pas lu ses *Confessions*, je vous les recommande; il est bien de voir comment un homme passionné est venu à la religion chrétienne, à cette époque importante de l'histoire. Je voudrais montrer, aussi bien qu'il l'a fait, comment l'artiste sera illuminé par la doctrine de Saint-Simon.

Vous finissez votre lettre par ces mots : beaucoup bavarder; et moi, que dois-je dire? Adieu, travaillez et surtout mettez-vous à écrire, sur quelque sujet que ce soit, un morceau que vous puissiez nous envoyer pour le futur *Producteur*. Vous savez bien qu'on n'entrait pas dans une corporation sans faire son chef-d'œuvre.

Vous allez faire quelque chose pour votre société de Castelnaudary sur la politique; profitez-en pour ruminer quelques idées neuves, et laissez aller la plume. Vous savez que dans notre gouvernement saint-simonnien nous avons la censure; aussi, soyez sans crainte, nous serons là pour redresser l'hérésie s'il vous en échappe; coulez à fond bien complétement la question de la propriété; celle des sentiments vous donnera, je crois, assez de peine pour que vous soyez ferme sur tous les autres points de doctrine; au moment où vous aborderez celle-là que, soit dit en passant, vous n'avez pas encore honorée d'un seul regard. Je ne vous ai pas fait plutôt d'observation sur votre silence, cela aurait pu vous embrouiller. Il vaut mieux que vous ayez mené les choses successivement.

Adieu, je suis à vous.

P. ENFANTIN.

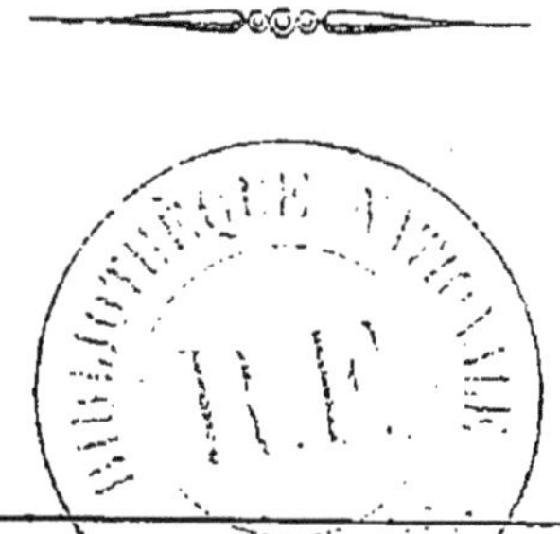

Paris, imprimerie Paul Dupont, rue Jean-Jacques-Rousseau, 41.

www.ingramcontent.com/pod-product-compliance
Ingram Content Group UK Ltd.
Pitfield, Milton Keynes, MK11 3LW, UK
UKHW021925210726
13857UKWH00008B/581

9 782012 464940